JN058019

みなとが紡ぐ未来

日本を元気にする7つのメッセージ

日本を元気にするみなとづくり実行委員会

ウェイツ

みなとが紡ぐ未来　日本を元気にする7つのメッセージ　目次

第3章　観光立国　地域の魅力を磨き、活性化する！

まえがき

港は、産業が集積し、多くの企業活動や雇用を支えるとともに、人々が集う、賑わいの場でもあります。また、自然災害から国民の生命・財産を守ると同時に、海上からの緊急物資輸送の拠点の役割も担っています。

このように、港は我が国の経済と国民生活を支える必要不可欠なインフラです。四方を海に囲まれた我が国は、全国津々浦々の港が我が国や地域の発展に大きく貢献するなど、まさに「みなとの元気が日本の元気」を支えてきたと言えます。

令和の時代を迎え、経済面での国際競争の激化、少子高齢化や人口減少、東京一極集中などに加えて、今般のコロナ禍など、我が国は様々な課題に直面しています。今まさに、新たな時代への転換、ニューノーマルへの適合が求められています。特に、新型コロナウイルス感染症の拡大を受けて、国内ではテレワークなど新たな働き方が定着しつつあり、企業の国内回帰などグローバル戦略の見直しが進む中、国民生活や国内外での企業活動のあり方が大きく転換する過渡期を迎えています。

このような中で、日本の元気を取り戻していくためには、全国津々浦々の港において、サプライチェーンの構築、臨海部産業集積の再興、防災・減災・国土強靱化、港を核とした地域の活性化などを強力に推進していく必要があるものと考えています。

このような変革期にあたり、港について、これまで果たした役割を振り返り、今を見つめ、そして未来に向けたメッセージを発信すること、すなわち、「みなとの元気を未来へ紡ぐ」ことにより、日本の元気に貢献したいと考えています。

このため、各分野で活躍されている有識者の方々から未来への道標となる提言をいただくとともに、利用者、港湾管理者などの関係者から、それぞれの港の特性に応じた過去、現在、未来における役割や期待することについて、「日本を元気にする7つのメッセージ」として寄稿して頂き世の中に発信することとしました。

本書が、港に携わる方々はもとより、広く一般の方々にも読んでいただき、コロナ禍を早期に乗り越えて、日本が元気になる一助になることを願ってやみません。

令和2年10月

日本を元気にするみなとづくり実行委員会委員長
（日本港湾振興団体連合会会長／新潟市長）
中原　八一

7つのメッセージ

第1章

物流

タフに、スマートにサプライチェーンを支える!

グローバル化のパラドクスとサプライチェーン

神戸大学 名誉教授　黒田 勝彦

令和2年はCovid-19で始まりました。中国湖南省武漢市で発生した新型コロナウイルスの情報は、新年には、未だ世界に届いていませんでした。日本では、横浜に入港予定の定期クルーザーであるダイヤモンド・プリンセスに感染者が出ているという情報から大騒ぎになりました。政府は入港を認めましたが乗客の上陸は認めませんでした。それ以降の経過は周知のとおりです。このような感染症の拡大は今に始まったことではなく、歴史上、何回も発生しています。ただ、世界的な規模で感染症が拡大するのは大航海時代以降のことです。大航海時代は人類の歴史で最初のグローバル化時代でした。このときも、スペイン人が持ち込んだコレラ菌で免疫を持たない新世界の現地人の人口の三分の二は死亡したと言われています。近現代になるとこのような感染症が世界に広まる現象はますます頻度高く繰り返されるようになっています。しかし、だからといって、グローバリゼーションの波を止めるわけにはいきません。Covid-19で私達が陥っている現在の状況は、トリレンマの状況です。このことを幾何学のヴィヴィアーニの定理（正三角形内の任意の点から三辺への垂線の長さの和は一定）を疑似して模式的に説明します。ここで、軸Rは国家規制度、軸Eは経済活動自由度、軸Vはウイルス感染拡大度を表し、各軸の数値は基数ではなく大小を表す序数とします。この正三角形内の任意の点で私達が置かれている状況を表します。いま、私達は図1(1)の点Aにいるとします。このとき私たちの選択肢は三通りあります。①：経済活動をある程度制限するが、国家規制を緩和して感染拡大が生み出す社会的損害に目をつむる、②：国家規制を緩和し、経済活動も自由にして感染拡大を受け入れる、③：国家規制を強化し、経済活動を減らし、感染を封じ込める。このことは、規制緩和と経済活動の活性化、感染拡大の縮小化と三者を同時に達成することは不可能であることを意味します。このような事態をCOVIC-19のパラドクスと呼ぶことにします。

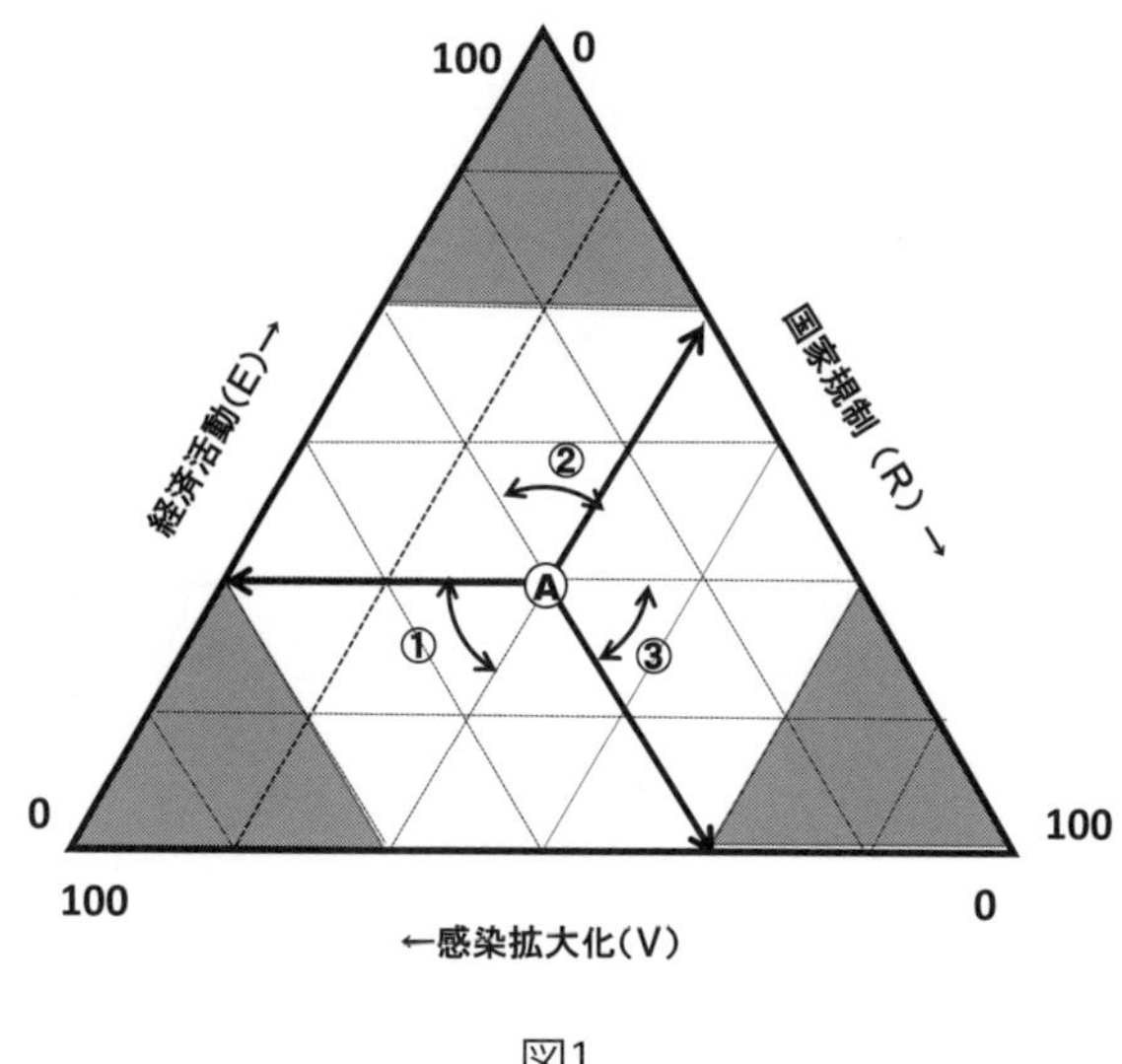

図1

現在進行中のグローバル化について、これと全く同じ状況であることを経済学者のダニ・

ロドニクス(2)が指摘しています。図2は図1と同じように正三角形ですが軸Dは民主主義、軸Nは国家主義、軸Gはグローバル化を表しています。彼によれば、世界は①民主主義を制限して、グローバル経済が生み出す社会的・経済的損害には目をつむる、②国家主義を犠牲にしてグローバル民主主義（世界統一）に向かう、③グローバル化を制限して民主主義の正当化に向かう、の三つの選択肢があり、グローバル化、国家主義、民主主義のうち二つしか同時に達成できません。詳細は省きますが、彼は③のグローバル化をある程度抑制して正当な民主主義国家に向かうべきだと主張しています。

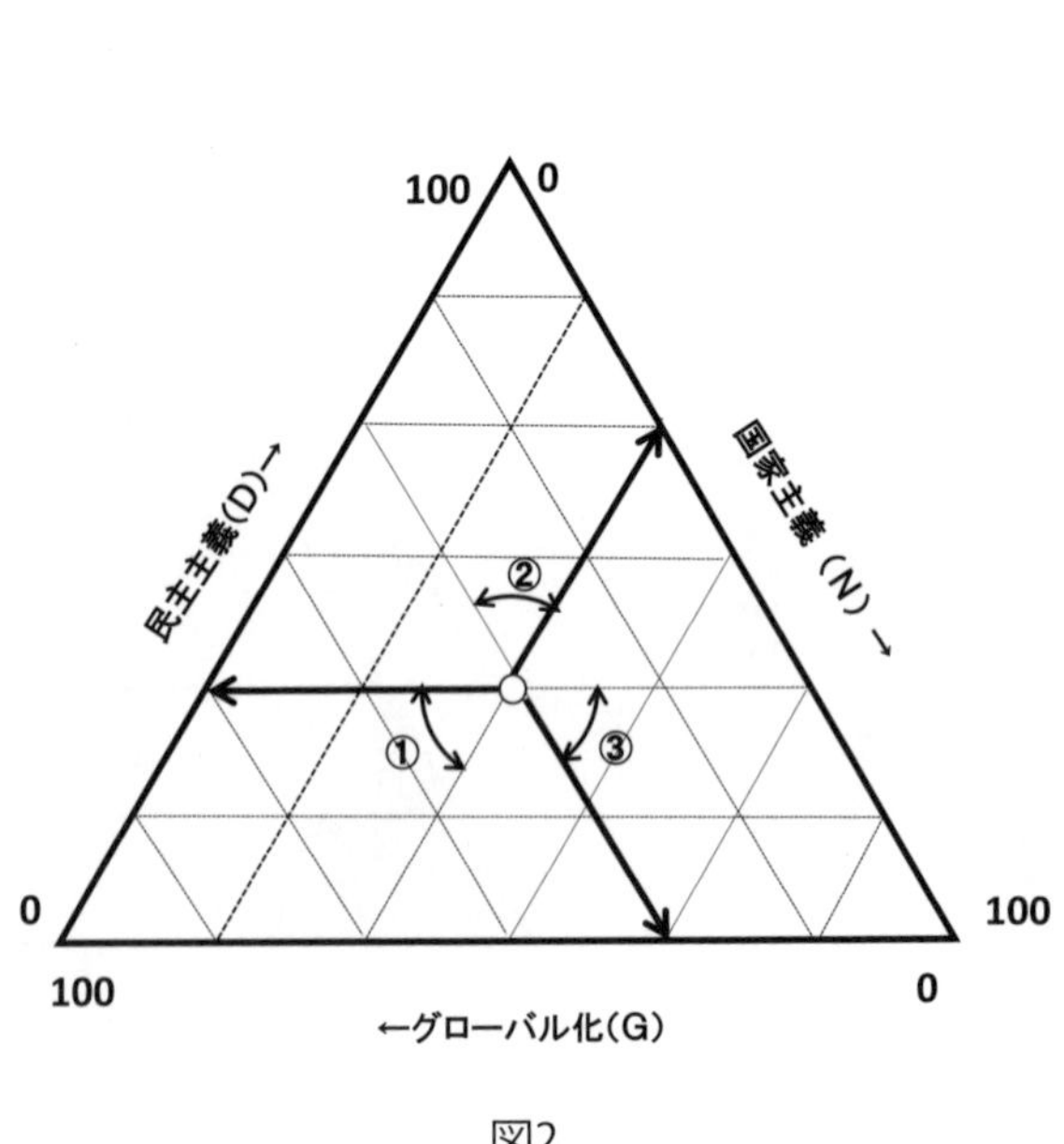

図2

さて、ここで取り上げたパラドクスから抜け出す道はあるのでしょうか？　答えはイエスです。コロナの感染拡大は人の移動に依存しています。だから、移動規制をせずに人が移動することなく経済活動を持続させればよいのです。つまり、人の移動を伴わないコミュニケーションと労働代替を、ＩＣＴとＡＩロボットを駆使すればこのパラドクスを抜け出せるでしょう。このことは、ドイツが２０１１年に「Industry 4.0」で、また、２０１６年には日本でも「Society 5.0」で、ＡＩロボット化やＩｏＴを活用した社会を提案していますが、そこでは、コロナ騒ぎ以降、急に利用されだしたオンライン会議やオンライン授業、オンライン診療なども含まれているのです。これらが普及しなかった理由は主として初期投資と通信費用が高額なことによっています。ＩＣＴの分野は世界に比べてわが国は2周も3周も遅れをとっています。今回の禍を福に転じるためにあらゆる分野の急速なＩＣＴ化、ロボット化を図るべきです。グローバル化対応としても国境を超える取引費用を最小化する必要があります。国内の労働力不足に対応して、現政権が進めている技能訓練生システムも永久に続けることは出来ないでしょう。したがって、生産・流通・販売分野でのロボット化、ＩＣＴ化を急がなければなりません。港湾分野では２０１９年に「ＰＯＲＴ２０３０」が発表され、コンテナターミナルのＡＩ導入による自動化やＩＣＴによる各種の物流に関連する情報のオンライン化を進めようとしています。

今回だけでなく、２０１１年の東北地震でも、また同年にタイで発生した大洪水でも、グローバル・サプライチェーン（ＧＳＣ）が寸断され、世界経済に大きな影響を及ぼしました。グローバル化が進行するにつれ、サプライチェーンの円滑化がますます重要な位置を占めてくることを、パラグ・カンナ(3)はその著『接続性の地政学』で以下のように述べています。

「シンガポールは市場が小さく原材料にも恵まれていないが、世界最大の積み替え港であり、石油精製品の輸出国であり、かつ一次産品の取引拠点でもある。つまり、シンガポールはサプライチェーンをめぐって戦うのではなく、他のプレイヤーのためにサプライチェーンを円滑化することで莫大な利益をあげているのである」。ここでは「サプライチェーンをめぐる戦い」とは、生産拠点の奪い合い、という意味で使用されています。彼は、そのような戦いよりもサプライチェーンの円滑化が重要だ、と主張しているのです。その意味で、グローバル・インフラストラクチャーの構築の重要性を指摘しています。わが国が進めている海外へのインフラ輸出戦略は、その意味で、極めて重要です。わが国と繋がるサプライチェーンの量的・質的向上がわが国の競争力を強めることになるということです。

私達は経済のグローバル化にともなって国内の企業が海外に生産拠点を移していくことで、経済力が低下するように考えますが、グローバル化時代には、世界に散らばっている工業材料や部品及び製品の輸出や逆の場合の輸入にかかわるサプライチェーンの円滑化こそが大きな利益を生むことを再考する必要があります。その鍵を握っているのは港湾と空港であることは論を待ちません。

参考文献

（1）黒田勝彦：「関西空港レヴュー」、２０２０年7月号、（財）関西空港調査会
（2）ダニ・ロドリックス著、柴山圭太・大川良文訳「グローバリゼーション・パラドクス」、２０１３年12月、河出書房
（3）パラグ・カンナ著、尼丁千津子・木村高子訳「接続性の地政学」、２０１７年1月、原書房

デジタル化がもたらす港湾の可能性

慶應義塾大学 環境情報学部 教授
内閣官房 情報通信技術（ＩＴ）総合戦略室長代理／副政府ＣＩＯ　神成 淳司

デジタル化という言葉が、国の政策を含め、社会の様々な場面で出てきています。既に世界中で様々なＩＣＴを活用した取り組みが進められてきました。ここ10年ほどを振り返ってみても、ユビキタス、Industry4.0、Society5.0、ＩｏＴ、ＡＩ等多様な取り組みが検討され、その中には社会の様相を変えつつあるものもありますが、必ずしも成功とは言えないものも多く存在しました。

このような状況を振り返り、今後のデジタル化、ＩＣＴ活用を考える際には、まず、デジタル化には異なる二種類が存在するという点を理解することが重要です。すなわち、デジタイゼーション（Digitization）と、デジタライゼーション（Digitalization）です。

デジタイゼーションとは、紙で管理していた顧客データをデータベースに保管したり、ＲＰＡ（Robotic Process Automation）を用いて人が作業していた内容を自動的に処理できるようにしたりといった、既存業務をデジタル化するというものです。

それに対し、デジタライゼーションとは、既存業務や製品を単にデジタル化するのではなく、プロセスそのものの組み替えや見直し、新規機能の追加等を含め、デジタル化を通じてソリューション全体の価値を高める取り組みを指します。代表的な取り組みとして、音楽の配信サービスがあります。ＣＤ等で販売されていた音楽が、配信サービスにより、ネット上で配信され多様な媒体で再生される状況へとシフトしました。販売形態も、店頭販売からネット販売へと変わっています。ビジネスソリューション全体が大きく変わっています。

なお、この二つに連なる概念として、ＤＸ（Digital Transformation）があります。ＤＸは、２００４年にスウェーデンのエリック・ストルターマン教授が提唱した概念です。上述の二つがいわゆるデジタル化に含まれるのに対し、ＤＸは、デジタル化が人々の生活を変革させることを指します。個々の業務や製品、ソリューションが対象ではなく、組織の在り方やワークスタイル等の変革が対象です。今後の社会変革を見据えると、全ての取り組みはＤＸにつながる、あるいは支えるものと言えるのかもしれません。

これらの違いを踏まえた上で、港湾のデジタル化はどのように進めるべきなのでしょうか。港湾としての価値をさらに高めていくためには、デジタイゼーションを実施してからデジタライゼーションに取り組むのではなく、当初からデジタライゼーションを中核に据え、そのプロセスの一つとしてデジタイゼーションに取り組むという観点が必要です。そして、この際に最も考慮すべきは、我が国港湾が持っている価値とは何かという点です。その価値をさらに高めることが、今後の厳しい国際競争の中で求められるデジタライゼーションです。業務のデジタイゼーションは、既に世界中で取り組まれつつあり、必要なものなのですが、それだけでは中長期的な価値とはなり得ないのです。

では、どのようにしたらよいのか。私は、港湾で働くヒトの熟練性に着目すべきだと思います。また、その際には、ヒトがやるべき、得意な業務とは何かという点を踏まえた検討が必要です。例えば、港湾オペレーションにおける課題としてしばしば指摘されるものに、ゲートの混雑解消やコンテナ蔵置計画の最適化といったものがあります。ヒトによるオペレーションの限界が指摘され、諸外国ではいわゆるビッグデータを活用した多変量解析により、効率性の向上に向けた取り組みがおこなわれ、一定の効果がもたらされています。これは、デジタイゼーションによる効果です。一定規模の過去のゲート状況やコンテナ蔵置に関するデータがあれば、ある程度の効率的なオペレーションは実現されるでしょう。では、これが最適なのでしょうか。そもそも、何故、従来、ヒトが処理していた際は課題として指摘される状況となっていたのでしょうか。そこには様々な理由が存在しますが、注目すべきなのは、最適なオペレーションを実現するために必要な情報が不足していた点と、充分な検討を実施するだけの時間が確保されていないという点です。ヒトが適切な意志決定を実施するために必要な情報を充分に確保し、さらにヒトが本来どちらかといえば不得意な多様な処理をデジタイゼーションする事による業務全体の効率化が必要なのです。すなわち、ヒトの意志決定や熟練性が必要とされる部分が何であるのか。また、その意志決定や熟練性を発揮するために必要とされる情報が何であるのかという点の検討が、デジタライゼーションの本質と言えます。

熟練性の最たるものが、「ガントリークレーン」の操縦技術です。諸外国では、「ガントリークレーン」のデジタイゼーション（自動化）に取り組む事例がありますが、その生産性は我が国の熟練技術者に遠く及びません。デジタライゼーションが必要なのです。現状において、熟練技術者は一連の操縦作業を全て担っていますが、作業には、熟練技能が求められるものと、一定の習熟度があれば対応できるものが存在します。ただし、例えば風が強い等の周辺環境の影響により、この両者の区分は変わることもあります。その点にも留意しなければいけませんが、一定の習熟度があれば対応できるものについてはＲＰＡ等の技術を活用した自動化をすることで、熟練技術者は、その熟練性が求められる作業へと集中することが可能となり、作業負荷や疲労の軽減へと繋がります。さらに、この熟練作業の解析を進めれば、その成果は、若手技術者の育成ソリューションへの適用といったことが見込めるでしょう。中心になるのはヒトなのです。熟練技術者の価値に着目すべきであり、その価値を引き出す方向性が最も効果的なデジタライゼーションなのです。

私は今まで、福祉や農業の現場で同じようなヒトに着目したデジタライゼーションの取り組みを進めてきました。福祉現場においては、熟練介護士が高齢者の状況を把握し、その対応を的確に実施することが福祉サービスの向上につながります。熟練農業者の知見は、諸外国と比較しても高水準の生産性や付加価値が高い作物の安定生産を実現させています。これら知見をさらに高めると共に、次世代につなぐための多様な教育ソリューションを構築することで、これら分野のＤＸを支える一つの要素となりつつあります。このような経験を踏まえた上で、港湾におけるデジタライゼーションは、非常に重要かつ効果が期待できるものだと考えています。現在、取り組みが進みつつある港湾関連データ連携基盤、そしてＡＩターミナルは、いずれもデジタライゼーションのための重要な取り組みです。特に港湾関連データ連携基盤に関しては、データ連携の要素、すなわちデジタイゼーションとしての側面が着目され、効率性の枠組みで語られることが多いですが、目指すものは、例えば前述したゲートの混雑解消やコンテナ蔵置計画の最適化の実現です。単にデータを繋ぐのではなく、価値あるデータを創出するための基盤としての取り組みを加速化させる必要があるでしょう。ＡＩターミナルに関しても、ＡＩが港湾オペレーションを担うと捉えられる事もあるのですが、それは間違いです。前述したようなヒトを中心としたデジタライゼーションのための手段です。単なるデジタイゼーションに留まらないよう、内容の精査をさらに進めていく必要があります。

最後にデータポリシーについても触れておきます。これら全ての取り組みの基となるのがデータをどのように扱い、その権利や責任範囲を明確化するためのポリシーです。既に世界各国で様々な規制が強化されています。例えば、ＥＵが２０１６年に制定した「ＥＵ一般データ保護規則（ＧＤＰＲ：General Data Protection Regulation）」は、欧州圏内の個人に関するデータ保護を強化することを意図したものです。日本企業であっても欧州圏内の個人にサービスを提供する場合には適用されます。我が国においても、２０１８年にデータの利活用を促進する環境整備を目的として不正競争防止法が改正され、データを不正取得する行為の差止請求権等の民事上の救済措置が設けられました。また、２０２０年には、農林水産省が「農業分野におけるＡＩ・データ規約ガイドライン」を策定し、今後の同省の事業への適用を図っていくこととしています。港湾分野においては、取り扱うデータの主体が個人情報ではありませんが、商取引に係る情報が中心であることを踏まえ、情報セキュリティの徹底はもちろんのこと、データの取り扱いポリシーを明確にし、その同意に基づきデジタライゼーションを進めなければいけません。そのことが、熟練技術者のノウハウやそれを核としたデジタライゼーションの不当な流出を抑制し、中長期的な競争力確保に繋がります。

適切なデジタル化が港湾の今後の発展には不可欠です。近視眼的な効率性を追い求めるデジタイゼーションに惑わされること無く、我が国港湾の価値を訴求したデジタライゼーションの推進に期待します。

東北・港湾地域の新展開

東北大学名誉教授　稲村　肇

東北地方整備局は今（2020年10月）新たな東北港湾ビジョンを策定しています。コロナで日本経済が停滞する今こそ、物流拠点＝港湾が先頭に立って東北経済をけん引すべき時です。物流システムの合理化―すなわちリードタイムの短縮とコストダウンは経済振興のカギを握ります。近年の東北の港湾はフィーダーコンテナ航路の拡充と高速道路網の急速な発展でそれを実現してきました。一方、国連気候アクション・サミット以来、環境問題への取り組みは物流業界のみならず、経済全分野の重要課題です。東北地方は幸い、自然資源に恵まれ、再生エネルギーの切り札、日本海沿岸の風力発電で日本をリードしようとしています。脱炭素社会に向け海と港で日本経済の発展に寄与しましょう。

（1）コンテナ輸送の発展：図1は東北地方のコンテナ港湾6港の合計扱い量の推移を示しています。日本経済停滞の中、東北のコンテナ貨物量は震災以降、順調に成長していることがわかります。赤線で示す前回の港湾ビジョン以降でも10万TEU：約25％も増加しており、急成長といって良いほどです。この成長を牽引したのは仙台塩釜港です。仙台塩釜港のコンテナ取扱量は平成26年の21万TEUから令和元年までの5年間で29万TEU

に38％も増加しています。また、釜石港のコンテナ輸送の発展も著しく、他の港湾も順調に推移しています。この最大の要因はフィーダーコンテナ航路の充実です。基幹航路の充実ももちろん重要ですが、東北の港湾はフィーダーネットワークの充実を中心に掲げ、リードタイムの短縮と輸送コストの縮減を図っています。

（2）アクセス交通の進化：一方、陸側を見ると、2011年の大震災以降の東北の高速道路網は急速な発展を見せ、それが地域経済に大きな効果を発揮しています。東北地方では復興道路・復興支援道路など大震災以降、高速道路の整備が大きく進展しました。表1、図2はその概要を示しています。東北地方の高速ネットワークは長い間、東北の背骨と呼ばれる東北自動車道1本に頼ってきました。しかし、震災後の事業の進展により、日本海沿岸東北自動車道、東北中央高速自動車道、更に復興道路として三陸縦貫自動車道などの多くの分断区間がなくなり、ハシゴ

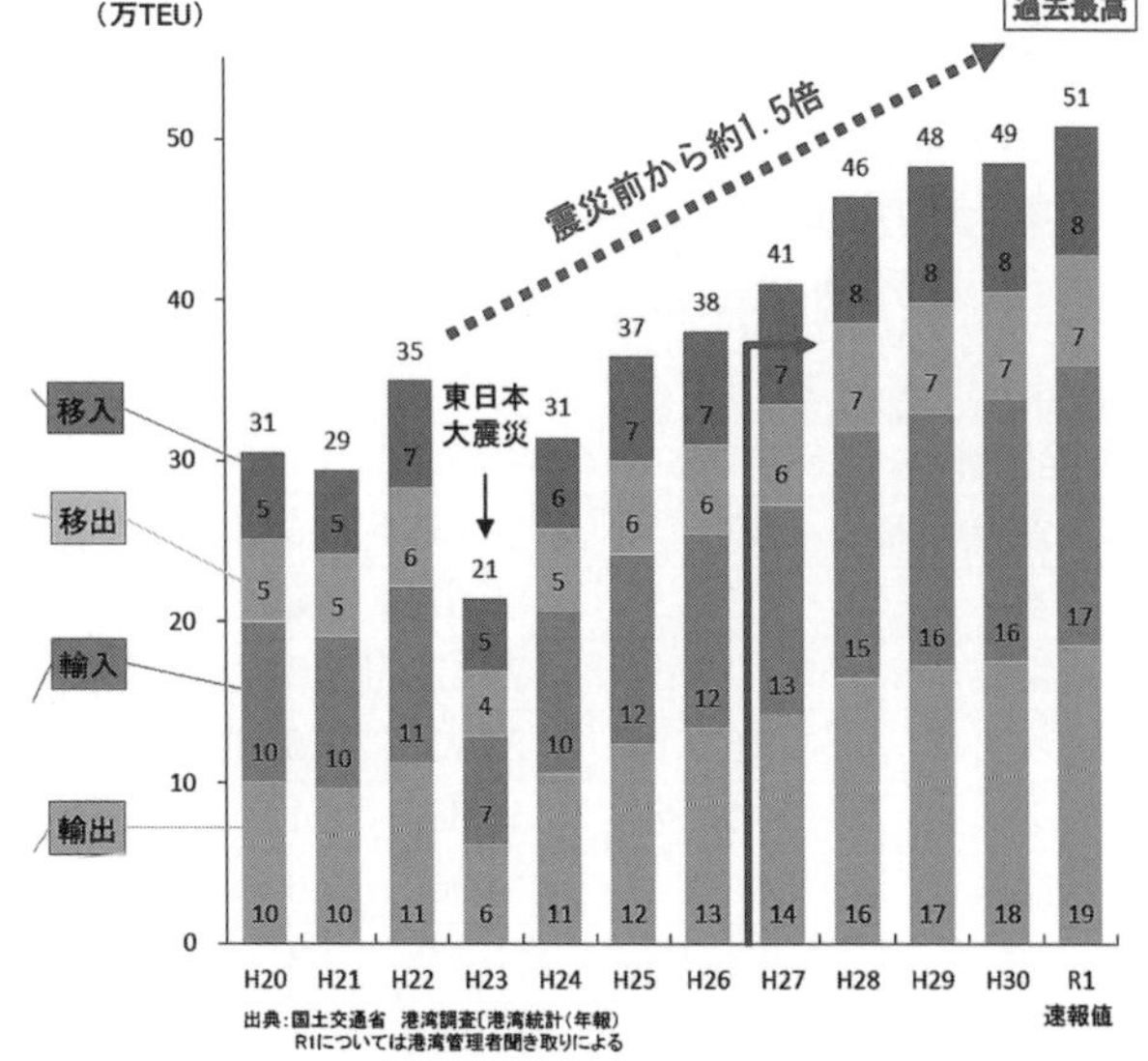

図1　東北港湾のコンテナ扱い量の推移

状のネットワークから格子型のネットワークへと大きく飛躍しました。これにより東北の港湾のサービス範囲が1日往復物流圏から、2往復、3往復圏が大きく拡大し、大幅な輸送時間短縮、コスト縮減につながりました。高速道路の発展は大震災前後に拡大した東北の自動車関連産業を後押しし、国内第3の拠点として自動車関連産業の立地も宮城県を中心に震災後大きく拡大しました。このことから仙台塩釜港からの完成自動車の移輸出量も大きく増加しています。

（3）**脱炭素社会のリーダーとして**：朝日新聞は2020年9月25日「国内の総発電量に占める再生可能エネルギーの割合が2020年上半期（1～6月）に23・1％に達していたことが国際エネルギー機関（IEA）の集計で分かった。」と報じました。本格的

図2　復興道路・復興支援道路
（国土交通省WEBページ（https://www.thr.mlit.go.jp/road/fukkou/）より、著者が作成）

表1　東北地方の輸送用機械器具製造業の発展

	付加価値額（百万円）		
	2012年	2018年	12/18
全国計	15,441,834	18,346,957	1.19
青森	17,171	28,715	1.67
岩手	45,625	85,616	1.88
宮城	52,085	123,420	2.37
秋田	15,976	25,901	1.62
山形	46,138	51,889	1.12
福島	106,403	214,804	2.02
東北計	283,398	530,345	1.87
東北シェア	1.84	2.89	

経済産業省　工業統計表より作成

な脱炭素社会の到来です。東北地方は水力、地熱、太陽光と資源エネルギーに恵まれていますが風力エネルギーでは我が国でダントツの容量があります。我が国の風力発電はまだ全発電量の１％ですが、再生エネルギーの切り札が日本海沿岸の風力であるのは明らかです。経産省および国交省は２０２０年7月「再エネ海域利用法」に基づく促進区域の指定を行ないました。指定の３か所４区域のうち２か所３区域（秋田県能代市・男鹿市、由利本荘市）が東北地方となっています。（図３参照）東北にはそのほかにも有望な区域が６か所以上あり、日本全体の半数以上を占めています。日本風力発電協会によれば（http://jwpa.jp/k5u8z6e6/gfsf4vk/180316_offshore_request.pdf）現計画の風力発電の直接投資は５～６兆円、経済効果は14兆円と推計されています。風力発電が日本のエネルギーの10％に達するころには、東北地方経済の４割程度を占めるような巨大産業としての発展が期待できます。

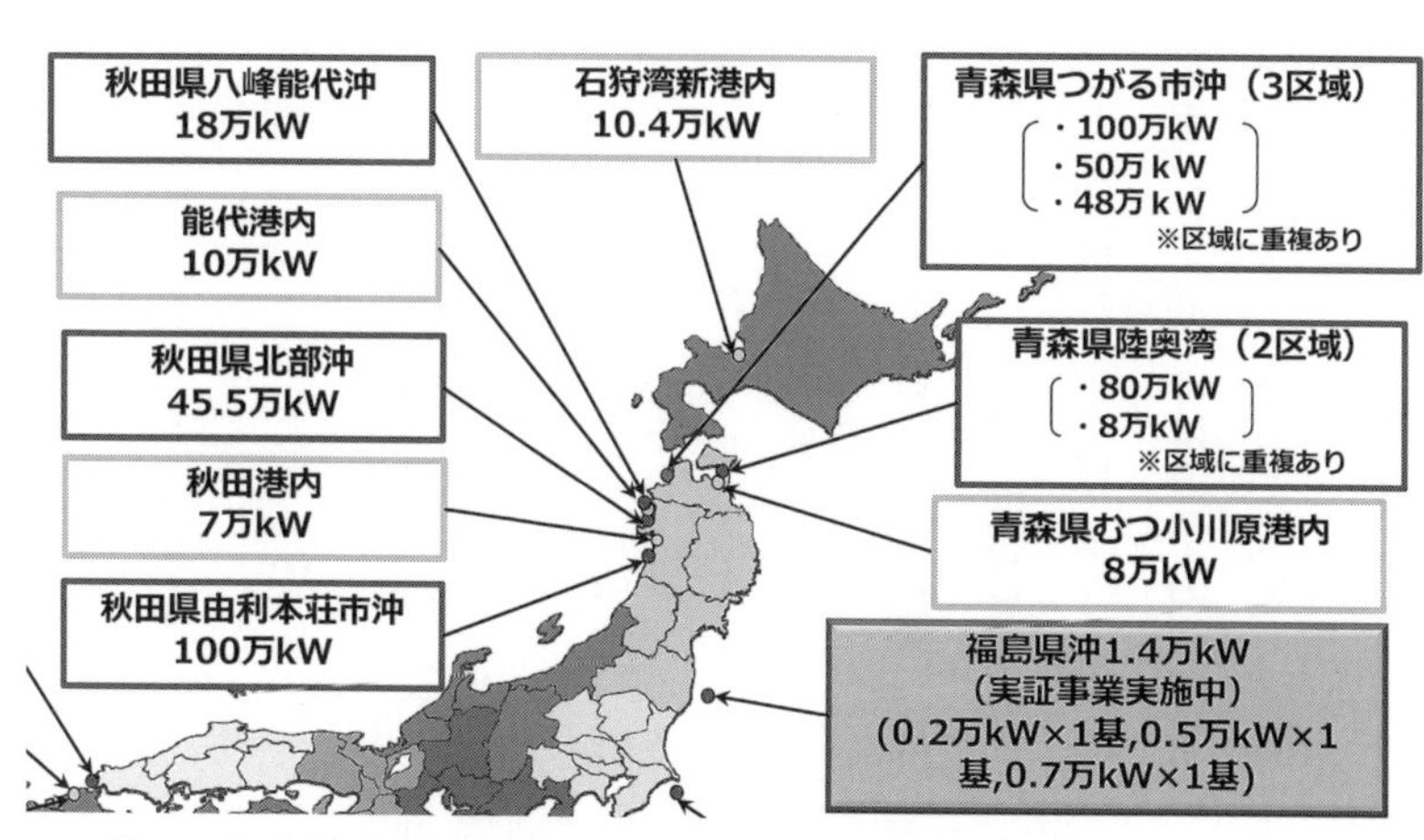

図3　東北地方の風力発電候補地（経済産業省資料の一部を抽出）
https://www.enecho.meti.go.jp/about/special/johoteikyo/yojohuryokuhatuden.html

いかなる時代が来ても急げ！ 港のスマート化 ―ポート2030の実現を！―

一般社団法人関西経済同友会 常任幹事 上村 多恵子

《1 港を取り巻く世界の経済、貿易構造の変化》

［戦後秩序の大変化］

コロナ禍により高い蓋然性で港の未来に起こるであろう変化についてまず述べてみたいと思います。第2次世界大戦の終結から75年が経過し、「平和と繁栄の体制」が揺らいでいます。港はこれらの変化と無縁ではいられないのです。中国の台頭とデジタル化の進展、気候変動、アフターコロナ対応など、新たな課題が出現してきました。これは今回のコロナ禍でさらに露呈化、激化してゆくと考えられます。読売新聞の編集委員室、大塚隆一氏によれば、国家は、「軍事」、「経済」、「価値の体系」が複雑に絡み合った複雑な関係にあり、特に「経済安全保障」が今後の国際秩序を握っていくであろうと分析されています。また、軍事は既にＩＣＴ技術なしでは成り立たず、経済にとってもデジタル革命は競争力の源泉となっています。一方で、デジタル化は、様々な倫理問題の解決が求められますが、環境問題など、価値の体系への配慮も避けられないものとなっています。

加えて、米国の自国ファーストの規制や米中経済貿易構造の変化なども相まり、世界の経済、貿易構造は、大きな変化が予想されます。中国の「一帯一路」に対し、アメリカの「自由で開かれたインド太平洋戦略」の中で期待される日本の役割が相対的に高まってくることが予想されます。

［港の新たな課題　ウイルスフリーへのコロナ対応］

このような戦後秩序の変遷のなか、世界的に強烈なインパクトを与えたことがあります。コロナです。コロナ禍でさらに浮彫になったのは、外交通商と貿易のあり方です。国際物流の中核を担う港はこの影響を大いに受けざるを得ないと思います。中でもサプライチェーンに占める中国の存在の大きさが浮き彫りとなり、経済安全保障としての貿易の変化、中国への生産依存の見直しが問題となっ

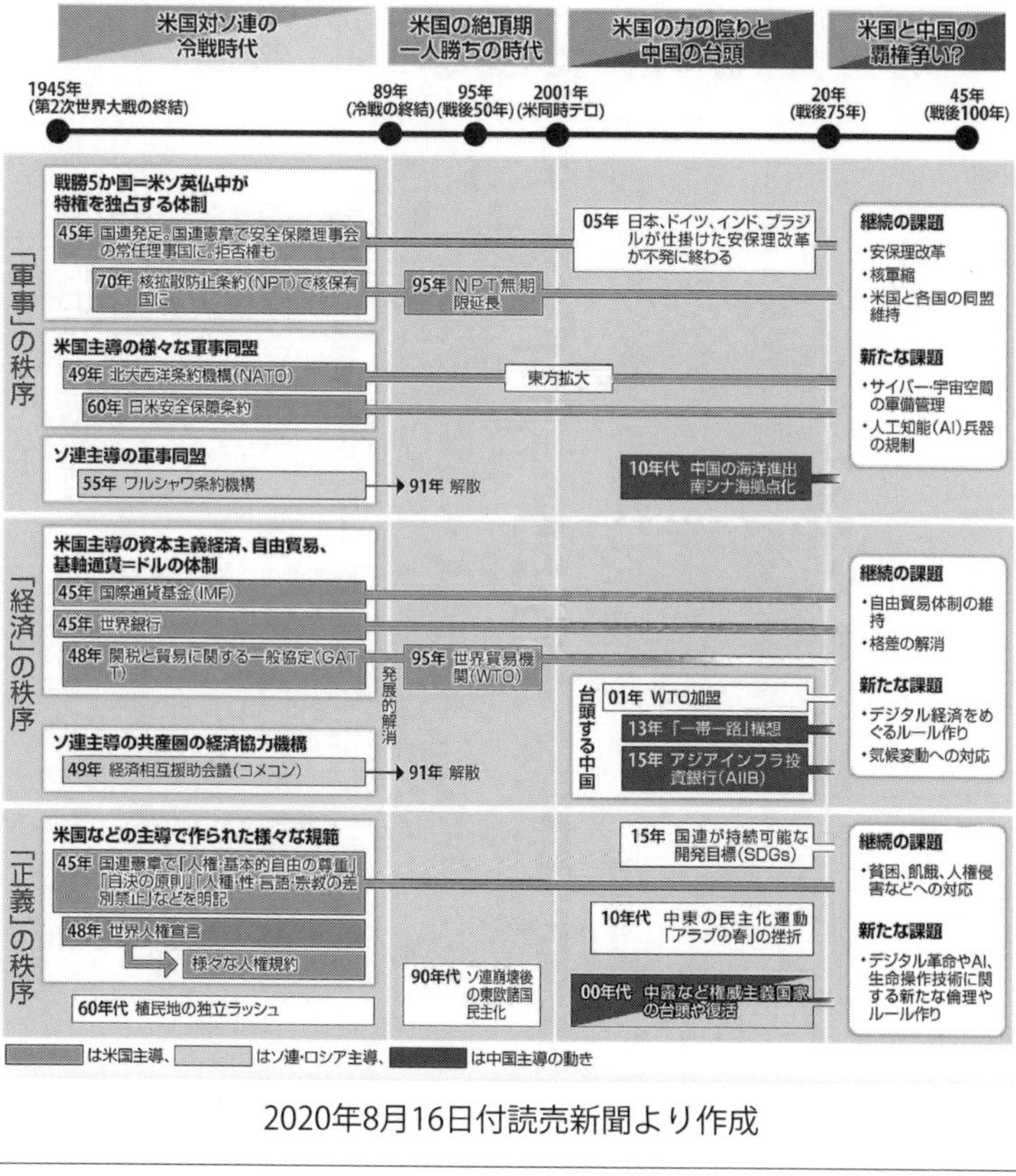

米国対ソ連の冷戦時代
米国の絶頂期 一人勝ちの時代
米国の力の陰りと中国の台頭
米国と中国の覇権争い？
1945年（第2次世界大戦の終結）
89年（冷戦の終結）
95年（戦後50年）
2001年（米同時テロ）
20年（戦後75年）
45年（戦後100年）

「軍事」の秩序
戦勝5か国＝米ソ英仏中が特権を独占する体制
45年 国連発足。国連憲章で安全保障理事会の常任理事国に。拒否権も
70年 核拡散防止条約（NPT）で核保有国に
95年 NPT無期限延長
05年 日本、ドイツ、インド、ブラジルが仕掛けた安保理改革が不発に終わる
米国主導の様々な軍事同盟
49年 北大西洋条約機構（NATO）
東方拡大
60年 日米安全保障条約
ソ連主導の軍事同盟
55年 ワルシャワ条約機構
91年 解散
10年代 中国の海洋進出 南シナ海拠点化
継続の課題
・安保理改革
・核軍縮
・米国と各国の同盟維持
新たな課題
・サイバー・宇宙空間の軍備管理
・人工知能（AI）兵器の規制

「経済」の秩序
米国主導の資本主義経済、自由貿易、基軸通貨＝ドルの体制
45年 国際通貨基金（IMF）
45年 世界銀行
48年 関税と貿易に関する一般協定（GATT）
発展的解消
95年 世界貿易機関（WTO）
ソ連主導の共産圏の経済協力機構
49年 経済相互援助会議（コメコン）
91年 解散
台頭する中国
01年 WTO加盟
13年 「一帯一路」構想
15年 アジアインフラ投資銀行（AIIB）
継続の課題
・自由貿易体制の維持
・格差の解消
新たな課題
・デジタル経済をめぐるルール作り
・気候変動への対応

「正義」の秩序
米国などの主導で作られた様々な規範
45年 国連憲章で「人権・基本的自由の尊重」「自決の原則」「人種・性・言語・宗教の差別禁止」などを明記
48年 世界人権宣言
様々な人権規約
60年代 植民地の独立ラッシュ
90年代 ソ連崩壊後の東欧諸国民主化
15年 国連が持続可能な開発目標（SDGs）
10年代 中東の民主化運動「アラブの春」の挫折
00年代 中露など権威主義国家の台頭や復活
継続の課題
・貧困、飢餓、人権侵害などへの対応
新たな課題
・デジタル革命やAI、生命操作技術に関する新たな倫理やルール作り

は米国主導、　は ソ連・ロシア主導、　は中国主導の動き

2020年8月16日付読売新聞より作成

ています。我が国の主要産業である自動車産業を例に考えてみたいと思います。

※日本自動車部品工業会によれば、日本の自動車部品輸入額2兆5600億円（2018）のうち、中国は30％と3分の1を占めます。

コロナの影響は、生産面では中国製部品の供給停止に始まり、欧米アジアの都市封鎖による需要の長期的な落ち込みが広がり、輸出にも影響を与え日本の企業は、次の対応に追われることとなりました。

●第一段階：供給ショック：供給負荷の部品への対応。サプライチェーンの回帰やサプライヤーの別工場で代替生産、類似部品の改造。同一製品を生産する地域の部品の輸入。

●第二段階：需要ショック：都市封鎖、経済活動の停止。

↓大規模な生産調整。不透明な需要対応への混迷。

自動車産業をはじめ、サプライチェーンを世界に張り巡らせる企業は、これまでに経験したことのない新たな試練に直面しました。一方で国際物流を担う港湾はどうでしょうか。取り扱いの変化も予想されますが、新たな物流の視点として「ウイルスフリー」「無人物流」「タッチレス」「ペーパーレス」「キャッシュレス」等への対応がますます重要となってくると考えられます。

《2 いかなる変化があっても急ぐ港の情報デジタル化》

生産の国内回帰、自国生産の貿易見直しの兆しも見られる中で、港はどう政府の外交戦略、安全保障戦略、企業の産業戦略と共に次なる港を創るのかが問われています。

国土交通省港湾局では、２０３０年頃の将来を見据え、我が国経済・産業の発展及び国民生活の質の向上のために港湾が果たすべき役割や、今後特に推進すべき港湾政策の方向性等を、「港湾の中長期政策『ＰＯＲＴ ２０３０』」としてとりまとめています。前述の国家間の秩序を鑑みると、「情報通信技術を活用した港湾のスマート化・強靭化」を強く推し進めていかなければなりません。現在、港湾では、情報通信技術を活用し、港湾の手続き、物流情報が電子化され、データの利活用やＩＣＴ技術を通じた効率化の検討が進められています。あわせて、パンデミック等のリスク対応として、非接触型の物流改革を進めていかねばならないと思います。

今後、５Ｇ ＡＩ ＭａａＳ ドローン等々が、「ニューノーマル」としてあたり前のものとなってくることが予想されますが、港湾に関する情報が有機的に連携したサイバーポートの実現を強く望みます。加えて、港湾と地方拠点を結ぶ道路のアクセス性、効率性の改善（幹線輸送の自動化・大容量化、ＭａａＳを活用した港湾―都市間物流の活発化等）により、将来の労働環境の改善も視野に入れた総体としての物流インフラを強くしていかなくてはならないのです。

奇しくもコロナ禍への対応もあり、国際コンテナ戦略対策を推進して、サプライチェーンの不安定化の中で、国際基幹航路の直航、その維持・拡大を進めるとともに、「いかなる時代が来ても急げ！ 港のスマート化」と声高く、叫びたいと思います。

フェリー事業変遷と港湾整備による体質改善

四国開発フェリー株式会社 代表取締役副社長　瀬野 恵三

1968年、阪九フェリー株式会社が渋滞を頻繁に起こす幹線道路の代替航路として、小倉と神戸を結ぶ航路を開設して以来、フェリー会社が数多く登場しました。それまでの短い航路に比べて、大量の車両を大型船舶で長距離輸送するという中・長距離フェリーのビジネスモデルは斬新であり、多くの会社が追随したのです。

当社は、1972年7月7日より愛媛〜阪神間でフェリーの運航を開始し、約50年が経過しようとしています。この間の当社の経営では、①同業他社との競合（愛媛〜阪神7社運航）、②燃料油の高騰、③本四架橋開通、④高速道路料金問題という4つの出来事への対応が大きな課題でした。

同業他社との競合の中で発生したオイルショックはフェリー各社の経営を大きく圧迫します。当社のフェリーが最初に就航したときには1バレル3ドルだった原油が、1973年と1979年の2回のオイルショックを経て30ドルまで高騰しました。その後も原油は高騰を続け、一時130ドルまで上昇しましたが、最近では40ドルほどで推移しています（WTI価格）。

しかし、当社はこの危機を乗り切ることができました。なぜなら、本四架橋開通まで四国と本州間の輸送手段は船舶輸送しかなかったためです。原油価格が高騰したとしても、置かれるコスト構造は他社も同じであったため、コスト上昇分を運賃に転嫁することで収益を維持することができました。寄港地の増加や船舶の大型化にも取組んで同業他社としのぎを削る状況でしたが、本四架橋の開通によって当社の置かれる状況は一変します。四国では、1988年に瀬戸大橋、1998年に明石海峡大橋、1999年にしまなみ海道がそれぞれ完成しました。この架橋と繋がる高速道路網の整備が進捗するにつれ旅客船・フェリー航路の多くが縮小・廃止を余儀なくされ、愛媛～阪神間を結ぶフェリー航路もピークの7社から当社1社のみに減少しました。

さらに、2009年から高速道路休日1000円料金や深夜・休日割引等の道路偏重政策が開始されました。この政策がフェリー会社に与えた影響は大きく、特に乗用車の比率が高い長距離航路への影響は非常に大きなものでした。道路に大きな税金をつぎ込むアンフェアな政策にフェリー・旅客船業界は壊滅的な打撃を受けたといえます。

しかし逆境の中にも、フェリー事業を続けるチャンスは確かに存在しました。それはモーダルシフトです。モーダルシフトとは、物流においてトラックによる幹線貨物輸送の一部を、地球に優しく、大量輸送が可能な海運または鉄道に転換することをいいます。この中には無人航送も含まれます。通常であれば、ドライバーが船に乗り込みますが、無人航送ではトレーラーと呼ばれる貨物部分だけを船に積み込み、両端の輸送は現地のヘッド（牽引車）が行います。この方式では、1人のドライバーが現地まで輸送する場合と異なり、ドライバーは毎日家に帰ることができ、なおかつ環境にもやさしい輸送を行うことができるのです。当社では、架橋完成後の需要変化を想定し、無人航送を用いて自社で集荷から配達まで行う海陸一貫輸送に力を入れてきました。トラック輸送に占める無人航送比率の当初目標は30％でしたが、70％まで高まるほど一貫輸送の取扱量は年々増加し、現状の船の輸送能力では限界が近づいていました。

そこで老朽化していたフェリーの代替として、大前提より省エネの大型船を導入するのですが、大型船舶が就航可能な水深を有する新バースに係る港湾を実現することでした。この約200億円にのぼる船舶関連での設備投資を強く後押ししてくれたのが、国（港湾局）の複合一貫輸送ターミナル整備事業でした。愛媛県、西条市のご尽力も得て、大規模災害発生時の緊急物資輸送拠点としての機能も兼ね備えた東予港耐震

東予港全景

バースをスピーディに整備していただき、首尾よく新造船就航となりましたことは感謝しかありません。

就航した新造船は、人流面において「日本初の完全個室」をコンセプトとしており、多くのお客様にご好評をいただいていました。しかし、今般の新型コロナウイルス感染症の感染拡大にともなう緊急事態宣言・外出自粛のあおりをうけ、県をまたぐ移動を支えている当社には非常に厳しい状況が続いています。

一方、フェリー経営の要たる物流にも影響が出ています。今後、アフターコロナ・ウイズコロナの時流を見定め、従来の太宗貨物に頼ることなく需要の変容への柔軟な対応も必要と痛感せざるを得ません。

おれんじえひめ

名古屋港のミッション
—ものづくりと暮らしを物流で支える— 港湾関係者が一丸となって！

名古屋港管理組合 専任副管理者 **服部 明彦**

名古屋港は、１９０７年の開港から１１０年以上、中部地域に集積するものづくり産業や人々の生活を物流面で支え、完成自動車、コンテナ貨物、バルク貨物などを取り扱う総合港湾として発展してまいりました。

２０１９年の総取扱貨物量は1億9千万トンと18年連続で日本一を記録し、貿易額は17兆円を超え、輸出額は約12兆円と、ともに日本一となっています。

しかしながら、２０１９年末頃から世界的に拡大した新型コロナウイルス感染症は、経済活動の縮小や工場の稼働休止など中部地域のものづくり産業、そして名古屋港の港湾活動に大きな影響を与えています。完成自動車、自動車部品、産業機械の取扱量が輸出貨物量の7割以上を占める名古屋港では、２０２０年上半期における完成自動車の輸出台数が前年同期比で約23％減の54万台、輸出コンテナ取扱個数が前年同期比で約15％減の59万個となるなど取扱貨物量が前年を大きく下回る状況となっています。この厳しいコロナ禍の中にあって、日々、産業や物流を支えておられる方々のご尽力には、心から感謝申し上げます。

一方で、このような状況下においても、将来にわたって名古屋港がその役割をしっかり果たしていくことができるよう、必要な取り組みは着実に進めなければならないと考えています。

現在名古屋港では、国、本組合などが連携し、港湾機能の強化に向けて二つの埠頭再編改良プロジェクトを進めています。

一つは、飛島ふ頭東側コンテナターミナルにおいて、コンテナ船の大型化に対応するため、延長７００ｍの岸壁を水深12ｍから15ｍに増深し、コンテナを船から積み降ろすための荷役機械（ガントリークレーン）も改良して、大型船に対応できるようにする取り組みです。

もう一つは、金城ふ頭において、自動車運搬船の大型化に対応する水深12ｍの新たな岸壁の整備とモータープールを確保するための16・３ヘクタールの埋め立てを順次進め、完成自動車の輸出機能を集約・拠点化する取り組みです。

これらの施設は、東海・東南海地震クラスの災害にも対応できるよう耐震強化も併せて行っています。

一方、民間事業者の積極的な参画、投資によって、港湾物流の効率化や生産性向上のための取り組みも積極的に進められています。

既に名古屋港では、船社・港運・陸運の10社が共同出資して設立した飛島コンテナ埠頭株式会社により、国内で唯一の自働化コンテナターミナルである飛島ふ頭南側コンテナターミナルが運営されています。ここでは、自働搬送台車（AGV）や遠隔自働RTG（ラバータイヤ式ガントリークレーン）など先進的なシステムが導入され、高効率的なターミナル運営が実現しています。

また、港内の全てのコンテナターミナルは、名古屋港運協会ターミナル部会により開発された名古屋港統一ターミナルシステム（NUTS）により一元的に管理運営され、港全体で荷役作業の効率化や処理時間の短縮化が実現しています。更に、飛島ふ頭では各コンテナターミナルのゲート機能を集約した集中管理ゲートの設置によって、各ターミナルのゲート処理の効率化が図られています。

そのような中で、名古屋港運協会ターミナル部会では、更なるターミナル運営の効率化を目指し、NUTS SECONDとして2023年に向けNUTSの全面刷新を進めています。

また、鍋田ふ頭コンテナターミナルでは、港湾運送事業者9社が出資する名古屋ユナイテッドコンテナターミナル株式会社（NUCT）により、全国に先駆けて国の支援を受けた遠隔操作RTG導入事業が進められています。主に中国、近海貨物を年間100万個以

AGV荷役

上取り扱う同ターミナルは、３バースが一体的に運営されており、この遠隔操作ＲＴＧの導入により、更なる荷役効率の向上や労働環境の改善が期待されています。
港湾管理者としても、こうした民間事業者の取り組みをしっかり支えてまいりたいと考えています。

名古屋港の築港は１８９６年（明治29年）に第一歩を踏み出しました。当時、一面葦が生い茂る遠浅の浜に近代的港湾を造り上げる事業は、財政的にも技術的にも困難を極めましたが、比類ない努力と熱意の結集により、１９０７年（明治40年）に開港を迎えました。開港後、着実に拡大・発展を続けましたが、太平洋戦争、東南海地震、三河地震、その後は伊勢湾台風により壊滅的な打撃を受けました。また、国際海運の行方を変える「コンテナリゼーション」の大波も迫ってきました。名古屋港はこうした幾多の苦難や課題を港湾関係者が協力し、一丸となって乗り越え、常に先進的な港湾づくりを進めてきました。この力が名古屋港の元気の原動力です。

この名古屋港の原動力の下で、アフターコロナを見据えて、今後も港湾機能の強化や物流の効率化、生産性の向上に向けた取り組みを積極的に進め、名古屋港が、我が国経済をけん引する中部地域のものづくり産業の持続的な発展と人々の豊かな暮らしを物流面で支える重要な使命を果たしてまいります。

基幹航路が続々就航！「国際コンテナ戦略港湾」横浜港の挑戦

横浜市長　林　文子

《我が国最大唯一のコンテナターミナルが供用》

開港から161年、横浜港は、我が国を代表する国際貿易港として、国内の経済・産業の発展を支えてきました。令和の時代を迎え、海運・物流の更なる効率化と国際競争による船舶の大型化、アライアンスの再編・集約、寄港地の絞り込み等が進む中、「国際コンテナ戦略港湾」として、さらなる進化が求められています。

横浜港の主力ふ頭の一つである南本牧ふ頭では、今年8月に、我が国最大唯一となる水深18m、延長900mの連続バースを持つMC3・4コンテナターミナルが供用を迎え、借受者はマースクに決まりました。MC1・2と一体運用すること

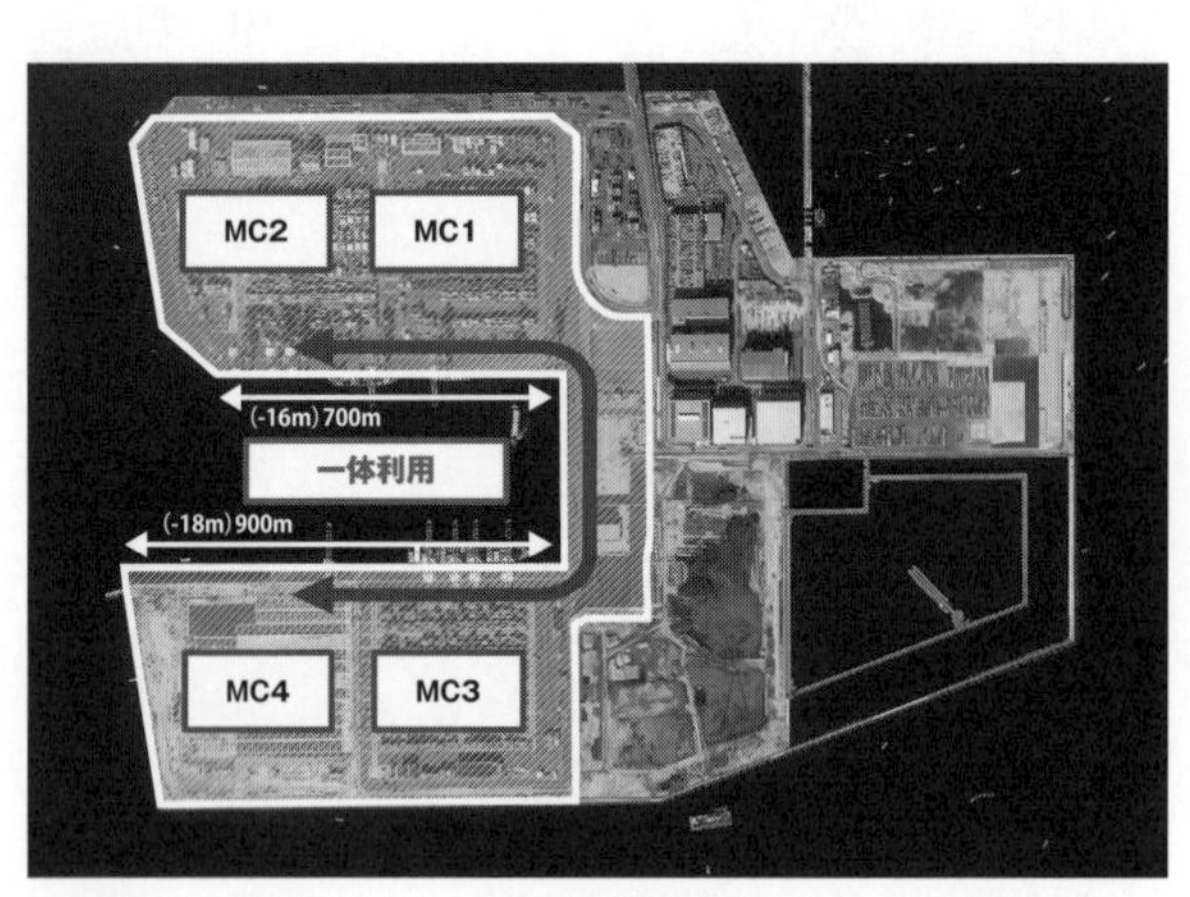

南本牧ふ頭

で、多方面の航路の船舶が、船型やスケジュール等に応じて、施設全体を柔軟に利用でき、高規格な施設能力を最大限に発揮できるようになりました。

《「国際コンテナ戦略港湾」の選定～「集貨」「創貨」「競争力強化」の推進》

アジア諸国の台頭により、日本の港湾の相対的な地位が低下し、中国、韓国等の港湾のフィーダーポート化する中、選択と集中によって競争力強化を図り、基幹航路を維持・拡大していくことを目指して、平成22年8月、横浜港は、東京港・川崎港とともに京浜港として、「国際コンテナ戦略港湾」に選定されました。以後10年間にわたり、「集貨」「創貨」「競争力強化」の3本柱で集中的な取組を進め、平成28年1月には、国、横浜市、川崎市等の出資により、政策推進の中核となる港湾運営会社「横浜川崎国際港湾株式会社（ＹＫＩＰ）」を設立しました。

「集貨」の取組では、ＹＫＩＰがポートセールスやターミナル運営等、より民間ビジネスと親和性の高い分野を担い、国や港湾管理者が経営基盤の支援等を行う体制を構築して、航路やコンテナ貨物の戦略的な誘致等を進めています。港湾管理者である横浜市も、東日本諸港との連携や荷主企業への直接的なアプローチ等により、積極的な誘致活動に取り組んでいます。

「創貨」の取組では、横浜港は、従来、自動車関連を主力とした輸出貨物の取扱いが中心でしたが、生産拠点の海外移転が進む中、貨物の増加と基幹航路の維持・拡大を目指して、消費材等輸入貨物の取扱機能の強化に取り組んでいます。南本牧ふ頭や本牧ふ頭A突堤等のコンテナターミナルでは、近接地に高度な流通加工や精緻な温度管理機能を有するロジスティクス施設を集積させ、輸入貨物の取扱拠点を増やしています。

「競争力強化」の取組では、急速に進展する基幹航路のコンテナ船の大型化に対応するため、コンテナターミナルの新設や再編・機能強化に取り組んでいます。先に紹介した南本牧ふ頭MC3・4コンテナターミナルでは、世界最大級の20000TEUクラスのコンテナ船の寄港が可能となりました。また、横浜港のコンテナ取扱いの半数を担う本牧ふ頭では、BCターミナルにおいて寄港船舶の大型化に伴う岸壁の延伸や荷捌き地の拡張、D5ターミナルにおいて荷役方式等の機能強化のための荷捌き地の再整備を行っていきます。D突堤の地先では、横浜港の将来を見据え、新たな物流拠点となる新本牧ふ頭の整備に本格的に着手しました。

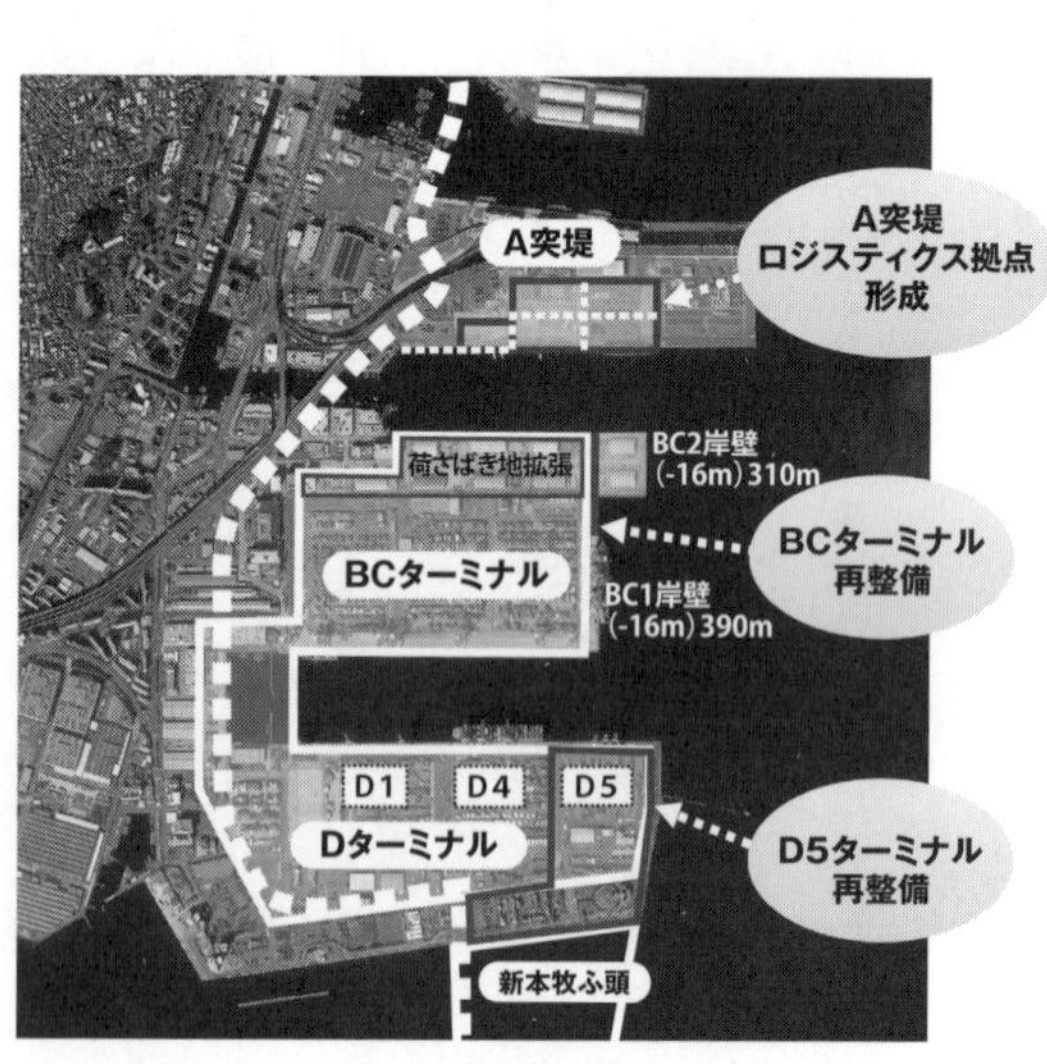

本牧ふ頭

水深18m以上、延長1000mの岸壁を有する約50haのコンテナターミナルと約40haのロジスティクス用地からなり、リニア中央新幹線の建設発生土を受け入れながら整備を進める一大プロジェクトです。

さらに、今年3月には、横浜北線に続いて首都高速道路・横浜北西線が開通し、横浜港から東名高速道路までが直結され、物流機能が更に効率化しました。令和7年度には、横浜環状南線等が開通して圏央道に接続する予定で、横浜港から日本全国へのアクセスが飛躍的に向上します。

新本牧ふ頭（イメージ）

《基幹航路が続々と就航》

今年に入り、欧州・北米・中南米の各方面から横浜港へ4つの基幹航路が開設されました。これにより、平成29年度から欧州・北米・中南米で計9航路が増加したことになり、「国際コンテナ戦略港湾」として、この10年間の取組に確かな手ごたえを感じています。

これからも横浜港は、国や関係者の皆様と手を携え、時代とともに変化するニーズや課題に対応しながら、国際競争力の強化に向けて果敢に挑戦していきます。

神戸港の国際コンテナ戦略港湾の取り組みについて

神戸市長　久元　喜造

《1　はじめに》

神戸港は1868年の開港以来、日本を代表する国際貿易港として、また日本初のコンテナ港として発展し、1994年には世界第6位のコンテナ取扱量を誇るまでに至りました。その翌年の1995年に発生した阪神・淡路大震災により、神戸港をはじめ神戸のまちは甚大な被害を受けましたが、関係者の皆様方のご尽力により港湾施設は僅か2年で復旧しました。その後、東アジアを中心とする大規模港湾の整備や船舶の大型化、トランシップ機能の低下など、神戸港を取り巻く環境は激変し、さらに、経済情勢の低迷もあり、厳しい状況が続きましたが、2010年の国際コンテナ戦略港湾の選定を契機とした各種の取り組みによって貨物量は回復し、港勢拡大に向けて引き続き取り組んでいます。

《2　神戸港の国際コンテナ戦略港湾について》

神戸港は基幹航路の維持・拡大を図るため、国の支援もいただきながら、国際コンテナ戦略港湾として「集貨」、「創貨」、「競争力強化」の取り組みを進めてきました。

「集貨」では、西日本のゲートポートとして内航フィーダーによる集貨に取り組んだ結果、航路数が1・5倍になるなど、フィーダー網の強化により２０１８年には2年連続で過去最高を上回る２９４万ＴＥＵを達成しました。さらに、日本港運協会の久保昌三会長が提唱される「アジア広域集荷プロジェクト」において、東南アジア貨物を神戸港に取り込もうと、官民一体となった取り組みを進めています。「創貨」では、ポートアイランド第2期及び六甲アイランドに流通加工センター、物流センターの立地を進めるとともに、「競争力強化」では最新鋭の高規格コンテナターミナルの整備を進めてまいりました。

また、２０１７年に「神戸港将来構想」を公表し、概ね30年先を見据えた神戸港の目指すべき将来像をお示ししています。この中で、次世代コンテナターミナルと流通・加工・製造が一体となったロジスティクスターミナルの実現など様々な提言をいただいています。今後、この提言を基に、産業界や大学等よりご意見をいただきながら、またwithコロナの視点も踏まえながら、神戸港中期計画の策定に取り組んでまいります。

神戸港は高度な荷役技術を活かした在来貨物の取り扱いが多く、様々な貨物需要に対応できることも大きな強みです。２０１９年には、「港湾技能研修センター」がポートアイランドに開設されました。同センターにおいて、港湾労働者の人材育成や人材確保の取り組みが進められており、神戸市としても様々な形で連携・支援してまいります。

神戸港は、阪神・淡路大震災以降、港湾施設の耐震化、高潮・津波対策を行ってまいりましたが、2018年に想定を上回る台風による被害を受け、再度災害防止の観点からヤードかさ上げ等の更なる対策を行いました。これまでの教訓を活かしながら、激甚化する災害に対しても強固なみなとづくりに取り組んでまいります。また、新型コロナウイルス感染症対策については、感染者発生時のガイドラインを策定いたしましたが、神戸港BCP計画においても、感染症対策について盛り込み、適切な対応を行ってまいります。

《3 都心ウォーターフロント再開発》

神戸港は都心に近接しており、神戸の市街地と一体となって発展してきました。船舶の大型化・貨物のコンテナ化に伴い、港湾機能が沖合の埋立地に移転したことから、都心に近いという立地の優位性を活かし、ウォーターフロントの再開発を進めてきました。1987年のメリケンパークに始まり、中突堤、ハーバーランド、新港第1突堤、そして現在、新港第1突堤基部において、アクアリウム、商業・業務施設などの再開発を進めており、2020年には一部施設が完成する予定です。今後、新港第2突堤・基部、中突堤などの再開発も順次進め、都心と一体となった賑わいづくりに取り組んでまいります。

《4 withコロナ時代において》

港湾物流は、市民生活や経済活動を根幹的に支える必要不可欠な社会インフラです。このコロナ禍においても、これまで国等による業種横断的な支援に加え、港湾使用料の支払い猶予措置や空コンテナの回送を支援する制度を創設するなどの対策を行っておりますが、この7月におけるコンテナ取扱貨物量は、対前年同月比で約10％減と厳しい状況となっています。神戸港のサプライチェーンとしての機能を維持していくことが、港勢の回復にとっては何よりも重要であり、今後も引き続き、貨物の動向を注視しつつ、業界のご意見をお聞きしながら、国、阪神国際港湾株式会社と連携し対応してまいります。

新型コロナウイルス感染症の拡大は、市民生活や経済活動に甚大な影響を与え続けています。今後の感染再拡大に備えた息の長い持続的な対策が必要であり、「新しい生活様式」の定着を図りながら、市民生活・経済活動を回復させていく必要があります。この8月には「神戸市withコロナ」対応戦略を策定し、感染拡大防止と市民生活・経済活動の維持・回復の両立を目指した取り組みを、スピード感をもって進めてまいります。

《5 最後に》

港湾事業者の皆様におかれましては、コロナ禍の状況下にあっても、エッセンシャルワーカーとして事業継続に尽力いただいていることに、心からの敬意と感謝を申し上げます。神戸市としましても、感染症拡大防止対策と港勢回復・拡大に向けて全力で取り組んでまいりますので、ご理解・ご協力をいただきますようお願い申し上げます。

7つのメッセージ

第2章

【産業立地】

地域の産業を支え、雇用を創出する！

港湾空間が紡ぐ産業の価値創造

一般財団法人日本立地センター 理事長　**鈴木 孝男**

まもなく設立60年を迎える日本立地センターの歴史は、工業開発そのものであり、なかでも港湾と工業開発、その発展とともに歩んできたものと言えます。新産工特等の拠点開発、ついで大規模工業基地開発へと工業発展の礎を築いた時代でした。工業団地開発も拡大し、昭和57年度末には臨海工業団地は造成工業団地面積（計画を含む）の58％（工場適地調査）を占めるなど、産業立地の基盤として大きな役割を有していました。当財団においても、国内では重化学等工業立地・コンビナート関連、大規模工業基地・臨海工業地区開発調査、港湾施設及び土地利用調査など、故鈴木雅次先生（設立時より当財団理事、後に顧問）のご指導も仰ぎながら実施しておりました。海外でもタイ国ラムチャバン臨海部開発計画調査をはじめ、ブラジル・メキシコ・ベトナム・フィリピン・中国の臨海工業地区開発など多数の調査実績を有しております。また、海外からの工業開発関連調査団や研修生受入の際には、苫小牧港・鹿島港といった有数の堀込港湾の視察など、我が国港湾と工業開発の経験・ノウハウを生かすことに努めてきました。このように当財団は港湾と工業開発、地域及び産業の成長・発展に資するべく関連業務を実施してまいりました。

その後、幾多の経済社会環境の変化を経つつも、港湾の役割は地域性を踏まえ産業・貿易を支えるなど経済活動の大きな部分を担っており、当センターでもエネルギー・リサイクルといった港湾利用の変化に対応した調査・計画づくりを通じ、産業立地を支援しております。

《ものづくりの源泉・イノベーション拠点》

我が国のものづくりの強みは、素材産業と中小企業が有する加工技術にあると考えます。特に素材は、ＢtoＢ製品であり、対象となる用途の領域は広く、市場としてはニッチなものから極めて大きなものまで幅広く存在しています。その一方、需給環境に大きく左右されやすく、競争環境によってはコモディティ化・代替物によって市場価値の低下・喪失などが素材の課題としてあげられます。素材がもつ性質を製品化していくには高度な技術力が左右します。日本の素材産業の強みは、揺籃期から顧客や市場に鍛え・育てられた製品化までの開発・技術力にあります。また、差別化を図っていく、新たな素材や素材の性質を探求していくためには、不断の基礎研究が必須であり、資本力とともに大学等との科学的連携体制も欠かせません。こうした意味において、港湾を中心とする臨海工業地帯は、重厚長大・基礎素材型産業から加工・物流といった産業群により、技術集積とともに技術革新をもたらしています。港湾と結ばれた都市集積の中で大学や研究機関との産学連携、加工技術との協業をもたらすことになります。

港湾地域はものづくりのイノベーション拠点でもあります。イノベーションについては、海洋研究に注力していくことも望まれます。日本は領海及び排他的経済水域の面積では、世界6位の海洋国家であり、太平洋・日本海・オホーツク海・東シナ海と特性が異なる海域を有しています。海洋研究開発機構をはじめ産学官による研究機能の強化も、港湾が担う重要な役割の一つでありましょう。

《グローバル・サプライチェーンを支える》

資源・物資の海外調達、国際分業体制の構築、海外市場拡大など、高度なサプライチェーンマネジメントを必要とする現在にあって、〝港湾〟がその中心的役割を果たしています。今や海上輸送は、日本の総貿易額の72％、総貿易量に至っては99％超とほとんどを占めており、港湾機能の強化とともにロジスティクスサービスの強化が重要となっています。

その一つには、港湾と都市集積の中間に産業集積を進めていくことです。あるいは、先述したようにイノベーション拠点による産業化（創貨）、内航・鉄道・道路網によって各地を結ぶ物流機能・拠点の強化（集貨）があげられます。例えば、北関東自動車道と常陸那珂港（現茨城常陸那珂港区）が結ばれたことで、大手建設機械メーカーが立地、グローバルな製造・輸出拠点となっているほか、北陸自動車道・東海北陸自動車道によって、東海地方の企業が敦賀港や伏木富山港など日本海側の港湾を対中国貿易・ＢＣＰの観点から立地・利用する例も見られます。

ついで、今後の経済活動に欠かせないエネルギー資源の受入・供給拠点、循環資源利活用拠点形成も望まれます。

そのため、港湾機能の強化・拡充があります。船舶の大型化等時代が求めるふ頭・設備更新、災害に強い港湾などリノベーションが必要となり、特にＩｏＴ・ＡＩといったＩＣＴやロボティクスの活用による生産性・効率性を高めた管理・運営が求められます。また同様に、海運・造船・舶用工業といった海事産業についても、ＩＣＴによる技術革新を通じた効率的な配船・運航面など競争力強化が望まれます。

《港湾施設を中心とした空間整備》

これまでのものづくり・物流等の産業集積を考えていくうえで、荷さばき・保管等の各種港湾施設エリアが狭隘であること、港湾後背地に産業利用可能用地が確保できないこと、背後の都市エリア・地域コミュニティとの分断など、土地利用を中心とした空間利用と整備が課題としてあげられます。今後、こうした視点からの港湾再編やリノベーションにより、取扱量を競うのではなく、港湾そのものの〝質〟を高めていくことで、産業の付加価値や競争力の向上にもつなげていくことになります。加えて、実証実験施設や大型プラントなど、港湾空間は産業成長の過程において、都市の産業集積と連携した役割が求められます。

これからの港湾空間は、港湾機能と地域性をそれぞれの特徴によって差別化していくことが必要でしょう。産業や都市を維持するためのエネルギー供給、現代社会の要請に応えるリサイクル、これらを支えるロジスティクス、ひいてはサプライチェーンを担っています。また、海洋との関わりによる環境との共生など、時代とともに求められる機能も多様化しています。さらに、港湾機能の充実・関連産業の集積が港湾後背地に形成された都市の成長・発展を促してきたことも見逃せません。

港湾及び空間を通じた人・物の動きが活発化することにより、新たな産業の萌芽・育成・成長、産業構造の変化・転換といった循環構造を形成し、地域経済基盤を強固にしていくことにつながっていきます。

日本の国際社会への参加は、１８５４年下田・箱館２港の開港からスタートしました。現代のグローバル化にはＩＣＴが大きな役割を果たす一方、港湾はリアルな人流・物流を結ぶほか、文化的な玄関口としても重要な役割を果たしています。また、港湾機能の点では、その利用者は限定される場合があるものの、港湾空間としてみた場合は公共性を有し、共有的価値をもつ空間であることが求められます。その意味において、産業以外にも、多くの人たちが海と親しみ、海を利用し、海から恵みを得るほか、エネルギー基地や多発する災害に対応するための浮体式防災基地の整備など、港湾エリアは多様な役割を担い、産業のみならず常にさまざまな価値を創造する空間として機能していくことが求められています。

当財団としても、こうした視点を含め、今後の港湾エリアの産業立地・イノベーションを皆様と考えてまいります。

地域構造の変遷と港湾の役割

東京大学大学院総合文化研究科（人文地理学教室）教授　松原　宏

私の専門は、経済地理学といいまして、産業立地や地域経済の理論・実態・政策について、研究してきました。経済地理学のアプローチもいろいろありますが、私が重視してきましたのは、地域構造論というものです。地域経済というと、四日市市や酒田市などの比較的狭い地域を取り上げ、それぞれの港湾を利用する工場の自動車や紙おむつといった製品の輸出推移によって、地域の雇用がどう変わってきているか、そうしたことを分析するイメージがあるかと思います。地域構造論では、個別の地域の事象の背景にあるメカニズムに迫ろうとするもので、国民経済さらには東アジアといったマクロな空間視点に立って、地域と地域との関係、地域的分業体系を明らかにすることを目的としています。

地域構造は、3つの切り口で捉えられると、私はみています。1つは産業地帯で、日本の場合、太平洋岸は工業地帯、日本海側は農林水産地帯というように地帯区分がなされます。両地帯とも、業種や作物によって、より細かく区分することができますし、産業構造の変動や企業の立地戦略などを踏まえると、同じ工業地帯でも、差異がみられます。

図1は、日本工業の業種別構成比の推移をみたものです。戦後復興期の1950年時点

では、繊維工業が最大の部門でした。しかしながら、１９５５年以降の高度成長期になると、繊維の割合は急速に低下し、代わって鉄鋼などの金属や化学といった素材型工業の割合が上昇しました。太平洋ベルト地帯構想の下で、鹿島や水島など、港湾と一体化して臨海コンビナートが建設されました。

こうした構図は、その後１９７０年代の２度のオイルショックにより大きく変わります。すなわち、１９８０年代以降、重厚長大な素材型工業の割合が低下する一方で、機械工業、とりわけ軽薄短小なハイテク産業である電気機械工業が、大きな伸びをみせてきます。立地の受け皿は、臨海部から高速道路に沿った内陸の工業団地に代わっていきました。

そして２０００年代以降、ＩＴバブルの崩壊、家電不況、韓国、台湾、中国との競争激

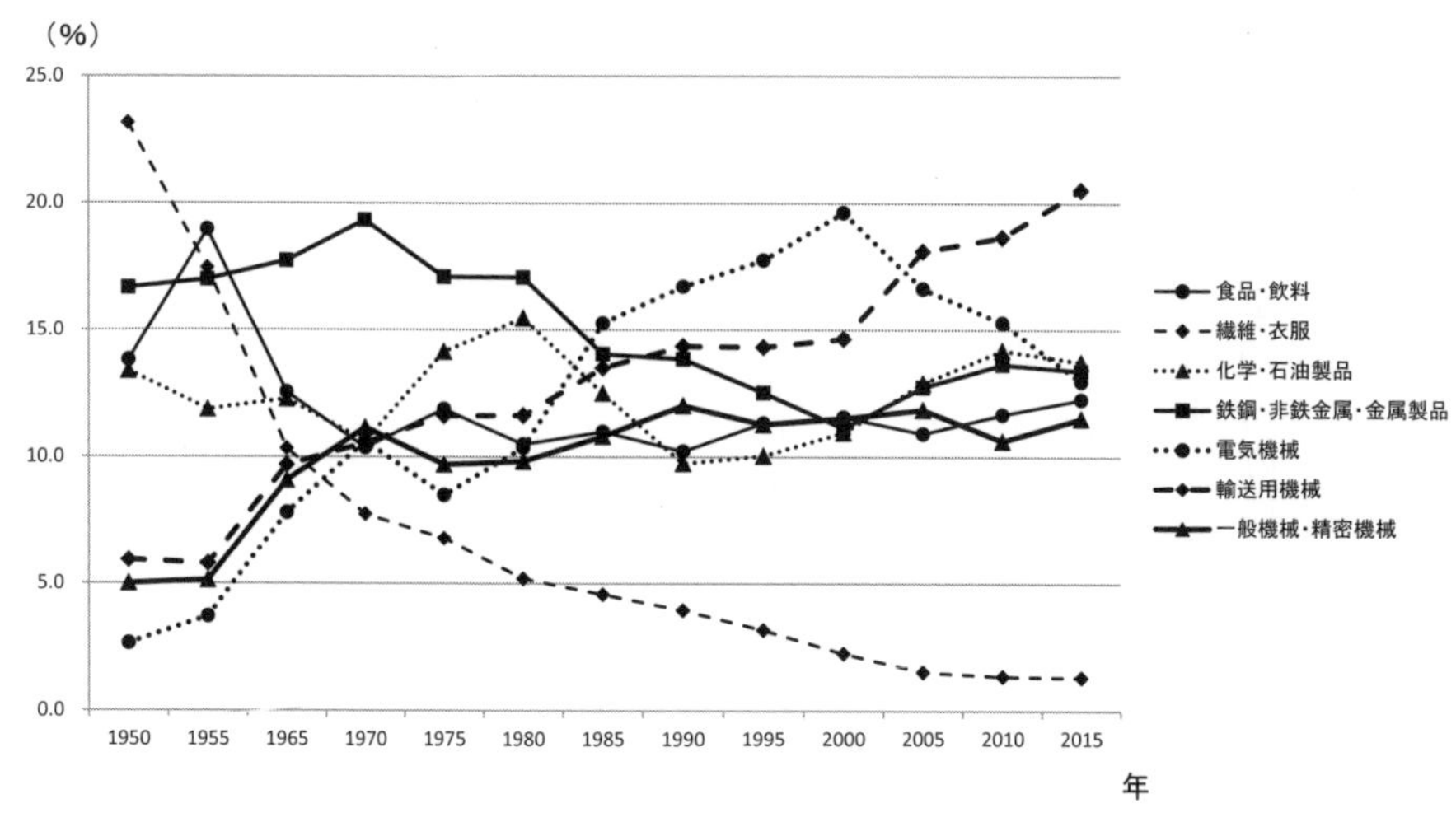

図1　日本工業の業種別構成比の推移
出所：「工業統計表」各年版, 全事業所の製造品出荷額等により松原作成

化などが絡み合い、電気機械工業の割合が低下する一方で、円安の下でのアメリカへの輸出の伸びを背景に、自動車を中心とした輸送用機械が主導産業に躍り出ることになります。また、成長するアジア市場への輸出の伸びを背景に、鉄鋼や化学といった素材型工業の復活もみてとることができます。

それぞれの時代で影響力の大きな業種を主導産業と呼ぶとしますと、戦前から戦後復興期までの繊維から高度経済成長期に素材工業に、1980年代以降は機械工業に、しかも2000年代前半までは電気機械、それ以降は自動車へと主導産業の交代がみられました。また、2015年の各業種の構成比からは、とびぬけた業種がなく、同じような構成比の業種が並存する「主導産業なき時代」を迎えてきているようにもみられます。新型コロナウイルスの感染拡大により、中国を中心とした海外部品に依拠してきた自動車産業などの工場の生産ラインが、ストップする事態に見舞われました。ただし、交通や観光、飲食など痛手の大きい産業とは違い、製造業は回復も早く、打たれ強さがみられます。

ところで、複数の企業の立地変化を念頭におき、日本企業の「立地力学」を模式的にまとめたものが図2です。この図では、企業の立地領域を国内大都市圏と国内地方圏、海外の3領域として同心円で示し、立地力学の方向性を矢印で表しています。

第1期（1950・60年代）においては、東京や大阪といった大都市圏内部に立地する本工場が、下請企業と大都市圏内の労働力を活用しながら生産を行っていました。第2期

（1970・80年代）になると、高速道路や国内航空網の発達により、土地と労働力を求めて分工場の地方立地が進んでいきました。大都市圏内の本工場の中には閉鎖される工場がある一方で、研究開発拠点に転換されるものもありました。なお、1985年のプラザ合意による円高によって、輸出に代わり欧米での現地生産も進みましたが、当時はバブル経済の下で国内立地も活発で、北東北や南九州などに工場が拡がっていきました。

バブルがはじけ、「失われた10年」と呼ばれる第3期（1990年代）は、日本企業の海外立地が本格化し、国内では産業の空洞化、工場閉鎖が進んだ時期にあたります。こうした海外立地は、第4期（2000年代以降）も続いてお

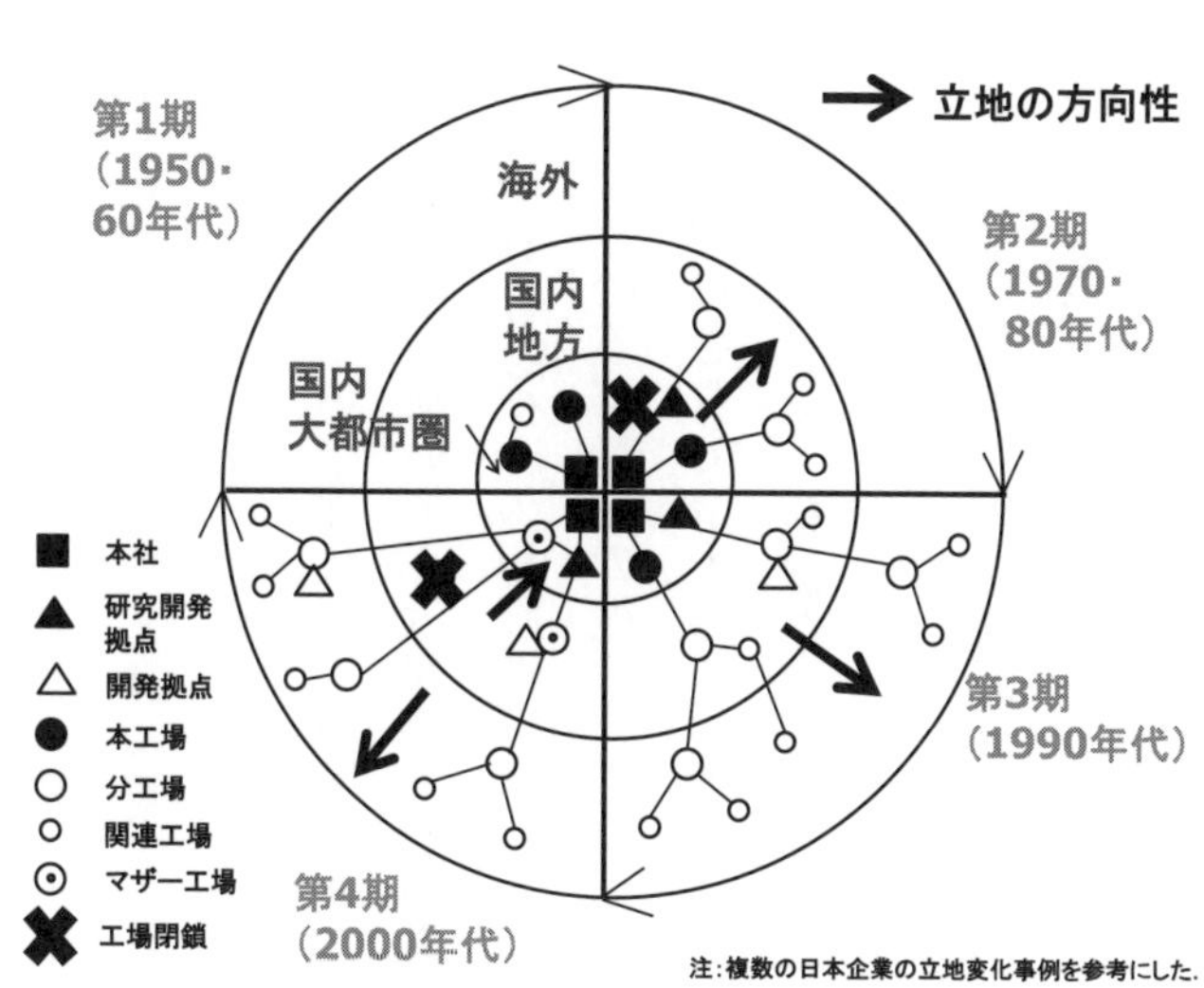

図2　日本企業の立地力学（松原作成）

り、ASEAN4（タイ、マレーシア、インドネシア、フィリピン）や中国に加えて、ベトナムやインドなど、新たな地域に拡がってきています。一方で、新たな動きとして、日本国内における大都市圏地域への回帰、「求心力」も働いている点に注目する必要があります。グローバル競争の下で、新製品投入のスピードが重視され、本社とR＆D、設計、試作、量産を行う国内生産拠点との地理的近接性が重視されてきているのです。

また、経済産業省の「工場立地動向調査」をもとに、2002年～2006年の地域別工場立地件数をみてみますと、関東内陸、東海、南東北に続いて、近畿臨海と関東臨海が登場してきます。「工業等制限法」（1959年～2002年）の規制を受けてきた関東臨海や近畿臨海は、これまで専ら工場を地方に移転させる移転元の役割を担ってきました。これらの地域が、工場の新たな立地点として再評価されてきているのです。ただし2007年以降、関東臨海や近畿臨海の構成比は増えておらず、地価などの立地制約が強い点に留意する必要があります。

第2の切り口は経済圏で、ヒト・モノ・カネ・情報・知識の地理的流動が形成する圏域を指します。もちろん、そうした地理的流動は多種多様で、大小さまざまな圏域が形成されています。通勤圏や商圏、余暇圏、物流圏などのように可視的で比較的捉えやすいものもあれば、マネーフローや情報フロー、知識フローなど、不可視的で把握しにくいものもあります。日本の場合には、東北や九州などの地方ブロック圏域に分ける仕方が一般的ですが、こうした経済圏と産業立地との関係に着目することが重要です。

最近の動きとしては、東京、名古屋、大阪の三大都市圏において、環状の高速道路の整備が進み、インターチェンジ付近に新たな物流施設や工場、研究所の立地が目立ちます。また、東京湾や大阪湾などでは、港湾間の連携を図り、国際競争力の強化が目指されています。世界都市を点ではなく、後背地を含めた面として捉える視点、すなわちグローバルシティリージョンやメガリージョンの議論が登場していますが、大都市圏内陸部の拠点と臨海部の港湾を結び、広域的視点で港湾の振興を図っていくことが重要だといえます。

第3の切り口は、都市間関係、都市システムで、日本では東京一極集中構造によって特徴づけられてきました。これまで、東京一極集中の是正は困難と考えられてきましたが、新型コロナウイルスの感染拡大の下で、東京と地方との関係を再構築する機運が高まっています。地方工場のマザー工場化、研究開発拠点化とともに、本社機能の一部を移転させたり、サテライトオフィスの建設など、地方で雇用機会を増やしていくことが重要です。

このように、産業地帯、経済圏、都市システムの3つの切り口で捉えられる地域構造は、ウイズコロナ、ポストコロナの時代において、大きく変わっていくことが予想されますが、その際、臨海部産業集積の再興を含め、港湾が果たす新たな役割が、ますます重要になってくると思われます。

茨城港常陸那珂港区／港湾開発と産業

株式会社茨城ポートオーソリティ代表取締役社長　**伊藤　敦史**

茨城港常陸那珂港区は、都心から北東に約110㎞、ひたちなか市と東海村にまたがる約1200haの広大な開発地区「ひたちなか地区」に位置する港湾です。

「ひたちなか地区」は、戦前は旧陸軍の飛行学校として、戦後は米軍に接収され、航空機から爆撃演習等を行う対地射爆撃場として使用され、1973年に日本政府に返還されました。その後、国の処理方針を踏まえ、当地区を①都市、②産業、③レクリエーション、④港湾の4つにゾーニングし、国や県、地元自治体が整備を進めてきました。

これまでに、①都市ゾーンでは広域型商業施設等が立地し、②産業ゾーンでは工業団地が造成され多くの企業が立地しています。また、③レクリエーションゾーンにはネモフィラ、コキアや多くの花々が海外でも人気の国営ひたち海浜公園があります。④港湾ゾーンは、1983年に「常陸那珂港」として重要港湾の政令指定を受け、その後、2008年の日立港、大洗港との3港統合により「茨城港常陸那珂港区」となり、整備が進められてきました。

一方、本県には、常磐自動車道、北関東自動車道、首都圏中央連絡自動車道及び東関東自動車道（一部整備中）の4本の高速道路があり、広域幹線道路ネットワークが構築されています。特に北関東道は当港区に直結しており、近年その利便性を高く評価していただいています。

当港区の計画面積は約７８０ha（陸域２６０ha＋埋立５２０ha）で、北・中央・南の３埠頭地区で構成されています。１９８９年に着工され、現在までに計画の半分程度が整備されています。（北埠頭地区は概成。中央埠頭地区は一部完成。南埠頭地区は作業基地として使用中。）

沖合の東防波堤は、計画延長６０００m（うち５６５０m整備済）の日本一長い防波堤で、東日本大震災の際は、港湾だけでなく近郊の漁港や海岸の津波被害を低減し、大きな減災効果を発揮しました。

各埠頭地区の状況ですが、まず北埠頭地区では、２／３を占める区域で出力２００万kwの石炭火力発電所が稼働中で、２０２０年度中には新たに出力65万kwの運転が開始予定で、首都圏へ電力を供給するエネルギー港湾として重要な役割を担っています。また、発電時に発生す

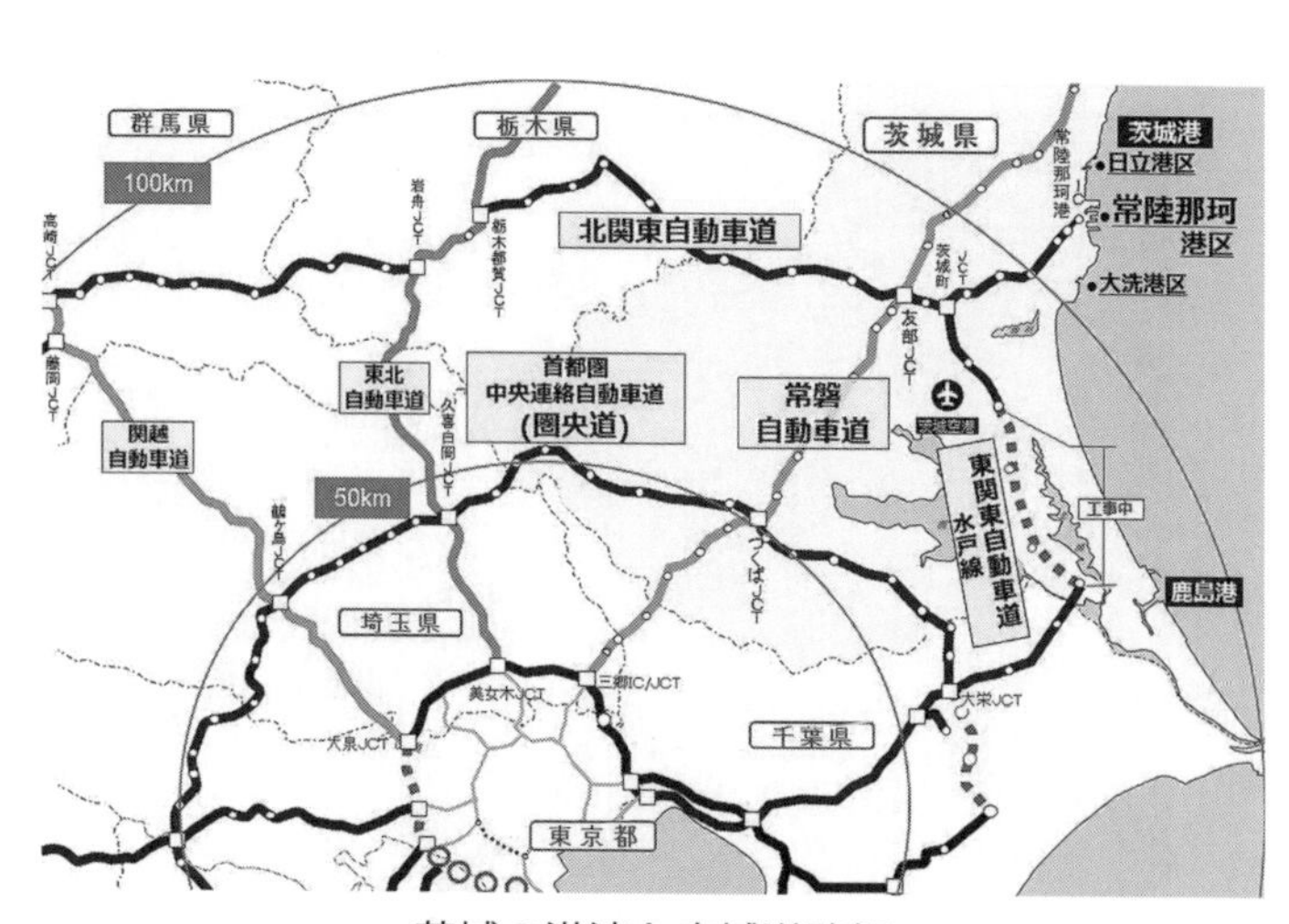

茨城の港湾と広域道路網

る石炭灰は整備中の中央埠頭の埋立に利用されています。

北埠頭地区の残る区域には国際コンテナターミナルがあり、大水深岸壁（-14m）を有し大型船舶に対応しています。東京湾諸港の混雑問題、東京五輪&パラリンピック開催時の対応、台風・地震など自然災害のリスク管理、ドライバー不足への懸念、いわゆるBCP及びモーダルシフトの観点等から、近年、コンテナ貨物の取扱量が著しく伸びています。

また、当港区背後地には世界トップクラスの建設機械メーカーの工場が立地し、豊富な国際定期ＲＯＲＯ航路を活用して大型建機を全世界へ効率的に輸出する拠点となっています。大型建機が専用通路を使用して工場から埠頭まで自走でき分解運搬が不要なため、物流コストが大幅に削減されています。

さらに、北・中央埠頭地区の内貿地区では、北海道苫小牧港とのＲＯＲＯ航路が毎日2便運航されて

茨城港常陸那珂港区の整備状況

おり、日立・大洗を含む茨城港全体で北海道と週31便のサービスが展開されています。茨城港は北海道とのデイリーサービスが可能で、北海道と首都圏を結ぶ一大物流拠点となっています。

次に、中央埠頭地区では、先述の通り石炭灰を埋立に利用し、２０１６年にモータープールが整備されました。そして、高速道路と直結する当港区の特徴を生かし、内陸部の工場で生産された完成自動車が渋滞もなく当港区に移送され、北米へと輸出されています。日中複数回の運送が可能なことから、取扱量は順調に増加しており、２０２０年にはモータープールが12 haから22・８ha（車両約１２５００台分）に拡張されています。２０２０年度中には中央埠頭地区に新たな岸壁（-12ｍ）が供用開始され、増加する貨物への対応が進みます。

30年前は砂浜であったこの地は、港湾等の整備によって大きく変貌し、国際コンテナターミナルを有する物流拠点として、また、建設機械や完成自動車の輸出拠点として、経済活動や地域の発展に大きく貢献しています。また、立地した工場や物流企業等により、地元採用も含め５０００人以上の雇用が創出されています。今後、残る中央埠頭地区、南埠頭地区の整備が進められ、物流機能が強化されることにより、国内外と首都圏との新たなゲートウェイとしての役割が飛躍的に拡大するものと期待しています。

引き続き、国や県・地元自治体と協力しながら、港湾利用の促進・企業誘致などを通じて当港区の発展に寄与できるよう積極的に取り組んでまいります。

「国際バルク戦略港湾（穀物）」釧路港の供用始まる！

釧路市長　蝦名　大也

《はじめに》

国際バルク戦略港湾・釧路港は、全国約5割の乳牛を飼養し、我が国の食糧基地であるひがし北海道一円にまたがる背後圏を有しており、地域の暮らしや産業はもとより、我が国の食料供給を支える重要港湾であります。

本港は北米に最も近い地理的条件を背景に、飼料用穀物の安定的かつ安価な輸入を実現させるため、平成23年5月、穀物の分野で「国際バルク戦略港湾」に選定され、平成26年度から西港区第2埠頭地区において、船舶の大型化に対応した水深14m岸壁を擁する国際物流ターミナルの整備を進め、平成31年3月より本港で初めてとなる民間事業者が埠頭運営を行い供用

釧路港全景

が開始されました。

そこで、プロジェクトの概要や整備後の現状などを紹介します。

《国際物流ターミナル整備》

飼料用穀物を取扱う西港区第2埠頭地区は、港湾背後部に穀物サイロや飼料工場などの関連企業が集積しています。

家畜の餌となる配合飼料の原料であるとうもろこし等の穀物を取扱っており、背後圏の一大酪農地帯であるひがし北海道の酪農業を支えています。

これまでの本港は水深12mの岸壁により、載貨重量が7万トンクラスのパナマックス級の船舶は、積載量を減らした状態でなければ入港できなかったため、本州の港でいったん積荷を降ろしてから本港に入港していましたが、新ターミナルの整備により穀物の主要生産地である北米に最も近い地理的優位性を有する本港にパナマックス級の大型船がファーストポートで入港できるようになりました。

国際物流ターミナル

また、本港で積荷を降ろし、喫水が上がった状態で大水深を持たない他港へ穀物を運ぶことができるようになり、大量一括輸送による安定的かつ効率的な海上輸送網の形成が可能となりました。

《プロジェクト後の現状》

国際バルク戦略港湾として水深14m岸壁の供用開始後、約1年間の実績を比較すると、配合飼料の主原料である「とうもろこし」では、供用前の平成30年度には24隻だった隻数が令和元年度には16隻と減ったものの、1隻当たりの取扱量が約3万トンから約5・3万トンと大幅に増え、年間取扱量では72・6万トンから84・8万トンと12・2万トンの増、率にして約17％の増加となり、まさに大量一括輸送による安定的かつ効率的な海上輸送が実現しております。

併せて、配合飼料の副原料を含めた穀物全体の取扱量も約20万トンの増、率にして約15％増加し、全体で154万トンの取扱量となりました。

また、平成26年からの5年間で約182億円の公共投資が行われた新ターミナル整備による効果は、港湾直背後部での民間企業による穀物貯蔵サイロの増設や新たな飼料工場の建設（約116億円）、背後圏で酪農関係者により活発に行われている牛舎や搾乳設備などの施設整備（約91億円）に表れており、総額207億円の民間投資が誘発されています。

最近では、西港区に新たに建設された飼料工場で配合飼料の生産が始まり、工場で働く従業員の雇用も創出されるなど、今後も、ひがし北海道の経済活性化や酪農業の更なる発展が期待されています。

《むすびに》

国際バルク戦略港湾による施設整備により、穀物を積んだ大型船が北米以外にブラジルからもファーストポートで入港しており、拠点港としての重要性が高まりつつあります。様々な分野でグローバル化が進んでいる昨今、物流における視野を国内から世界へ広げ、地球儀的な視点から見ると、本港は北米に最も近い不凍港という優位性を活かし、北日本の物流拠点港として発展していく可能性が大いにあると感じています。

本港が安全・安心に利用できるよう国の協力を得ながら港湾機能の確保に向けてしっかりとその役割を果たしていきます。

最後に、これからの釧路市は「釧路市まちづくり基本構想」の重点戦略に掲げる経済の活性化に資する取り組みを重点的に進め、このまちに生まれ、このまちに住み続けたいと願うすべての若者がその願いをかなえることができるよう、今あるもの、今あることを再度見つめ直し、現状の打開ということだけでなく、将来を見据えたまちづくりへと活かしていくことが重要であると考えています。

港湾利用による地元産業の発展

浜田市長　久保田　章市

浜田港における取組みを紹介し、地元産業の港湾利用を通じて地方港の役割について述べます。

浜田港は、島根県西部・石見地方のほぼ中央の浜田市に位置し、自然条件にも恵まれていたことから古くより北前船寄港地として九州や北陸地方との貨客交流や、朝鮮との貿易などにより発展してきました。明治32年に開港場に指定され、外国貿易港としての歴史をスタートしました。昭和32年に重要港湾、平成22年に重点港湾、平成23年に日本海側拠点港（原木）に選定されました。また、平成13年に釜山港との定期国際コンテナ航路が開設されるなど山陰西部の国際貿易港として発展しました。

浜田港は、日本海側拠点港（原木）に選定されるよう原木輸入が古くから行われており、背後には、合板、製紙、繊維、木質バイオマス発電の企業が立地し、物流拠点とし役割を担っています。また、島根県西部に県営工業団地の整備により企業立地が進み、浜田港の外貿コンテナ貨物量（実入）は令和元年度に４０００ＴＥＵを超えました。

また、浜田港は、平成30年に臨港道路福井４号線が開通したことで、山陰自動車と直結し、コンテナヤードへダイレクトに接続が可能となり、今後、山陰自動車道の全線開通により、飛躍的な輸送時間の向上が期待されます。

これまで大型コンテナ船に対応した岸壁・ヤード及びガントリークレーンの整備が進み、同時期の新たなコンテナ船社の参入により週2便化が実現し、地域産業を支える物流拠点としてリードタイム、便数の改善により機能強化が図られてきました。このような中、本市では、港湾管理者の島根県と連携し、平成30年度から輸出入案件発掘段階から継続的な貿易に至るまでを一貫して行う活動に対して支援する創貨対策事業を展開し創荷に取り組んでいます。

浜田港の全景

浜田港は、特定第三種漁港の浜田漁港が隣接しており、まき網漁業、沖合底曳網漁業を中心に古くから水産業が盛んであります。地元水産企業においては、冷凍魚輸出を強化され、自社冷凍倉庫（保税上屋）の増設に合わせて地元浜田港からの輸出を積極的に進めています。さらに、本年8月に本市が整備を進める「高度衛生管理型荷さばき所」の一部が共用開始となりました。安全安心な高鮮度の水産物を漁港（水揚げ）～自社冷凍庫（凍結）～浜田港（輸出）と漁港と冷凍倉庫、コンテナヤードが隣接した環境の中、高鮮度の水産物を海外へ供給する取組みは、水産物の魚価安定、生産者の経営安定に繋がっています。

また、本市には昨年、西日本有数の牧場が立地され、新たな牧場整備に合わせ、輸入していた牧草・稲わらの取扱いを浜田港に変更されました。この背景には、ドレージの短縮によるドライバーの負担軽減に加え、リードタイムは以前よりも長くなりますが、浜田港利用による地域貢献の取組みがあります。

以前から、本市では荷役事業者と連携し検疫体制を整えており、事業者が利用しやすい環境整備も確保していました。

この取組みは、地元企業が地域貢献として地元の貿易港を使い、産業振興に繋げる強い思いのもとに行われています。港湾が立地する自治体として、地域産業の支援は、設備投資に対する財政支援だけではなく、事業者の課題解決に応えるきめ細やかな対応が必要であります。

高速道路や港湾、堤防整備といったインフラの蓄積は、アクセスの向上や物流コストの低減、水害の防止など経済活動の効率性を高め、企業の投資リスクを低減します。その結果、生産力を拡大させ、工場の立地・雇用の増加などくらしや地域経済に長期にわたって効果をもたらすものと考えます。

地方港である浜田港の課題は、大都市圏を背後に持たない限られた経済領域で、如何に取扱貨物量を拡大し、地域振興に繋げるかであります。

荷主にとって港の利便性向上を図るという観点から、高速道路網の早期整備、便数増等のリードタイムの短縮や港湾機能充実等のハード整備を引き続き推進することは重要であります。そして、港湾と産業は、互いの発展を促し合う車の両輪であります。今後、さらに港の利用価値を高め、長期的視点から企業のグローバル化対応促進など港湾を活かした産業の強化に、関係の皆様方のご支援ご協力をいただきながら、取り組んでまいります。

徳山下松港（国際バルク戦略港湾（石炭））における「やまぐち港湾運営株式会社」の取組

やまぐち港湾運営株式会社 代表取締役／山口県副知事　小松 一彦

《はじめに》

当社は、徳山下松港（下松地区・徳山地区・新南陽地区）において、石炭を取り扱う埠頭群の一体的・効率的な運営を行うことを目的に、平成29年9月に港湾管理者である山口県と関係企業7社の出資により設立され、同年12月には、バルク埠頭としては全国初の港湾法に基づく港湾運営会社として指定されました。本稿では、国際バルク戦略港湾政策における当社の取組と役割について紹介します。

《会社概要》

当社の出資者は、山口県と関係企業である7社（出光興産（株）、宇部興産（株）、周南バルクターミナル（株）、中国電力（株）、東ソー（株）、（株）トクヤマ、ＥＮＥＯＳ（株））であり、資本金は5千万円、出資割合は、山口県が51％、関係企業7社が7％ずつとなっています。

事業内容は、民間の視点を活用した埠頭運営を推進する事業として、①港湾施設（行政財産）の借受け・運営管理、②荷役機械の整備、③石炭の大量一括輸送（共同輸送、2港揚げ）の促進などがあります。

①港湾施設（行政財産）の借受け・運営管理

山口県から埠頭群の行政財産を借り受け、埠頭運営を行うこととしており、本格運営は国・県・当社による施設整備（表1参照）が完了する令和6年度からを予定しています。

②荷役機械の整備

下松地区においては、令和元年度から、国庫補助を受け、高能率な荷役機械（アンローダー2基、ベルトコンベア、事業費約70億円）の整備を進めています。

③石炭の大量一括輸送（共同輸送、2港揚げ）の促進

施設整備（表1参照）の効果を高めるためには、徳山下松港とともに国際バルク戦略港湾（石炭）に選定されている宇部港も含めて、大量一括輸送（共同輸送、2港揚げ（図1参照））に向けた企業間連携を進め、石炭の輸送コスト

表1　国際バルク戦略港湾政策における実施主体

	実施主体	内容
ハード面（施設整備）	国	桟橋、岸壁、航路、泊地
	県	臨港道路、埠頭用地
	やまぐち港湾運営（株）	荷役機械（下松地区：アンローダー 2基、ベルトコンベア等）
ソフト面	国	制度設計（支援策・制度拡充）
	県	2港揚げに係る支援、港湾計画変更、特定利用推進計画策定
	やまぐち港湾運営（株）	埠頭の運営管理、大量一括輸送に向けた企業間連携の促進（調整）

の削減に繋げていくことが重要であると考えています。

両港では、背後地や西日本各地の配送先に幅広く石炭ユーザーを擁していますが、炭種や購入時期の違いなどがあるため、これまでは各ユーザーが個別に配船等を行ってきたところです。そこで、将来の共同輸送の本格運用を視野に入れ、輸送量の調整や輸送船の選定などの課題を解消するために、現有施設に入港可能なパナマックス級船舶などを用いた共同輸送の試行を、令和元年度までに合計20回行いました。今後も引き続き、当社を核とした企業間連携の強化を図ってまいります。

《国際バルク戦略港湾（石炭）政策における当社の役割》

当社が事業拠点を置く山口県では、瀬戸内沿岸の企業群を中心とした基幹産業が国際競争を勝ち抜くため、「企業の国際競争力強化に資する港湾の機能強化」が「やまぐち維新プラン（県の総合計画）」の重点施策に位置づけられています。

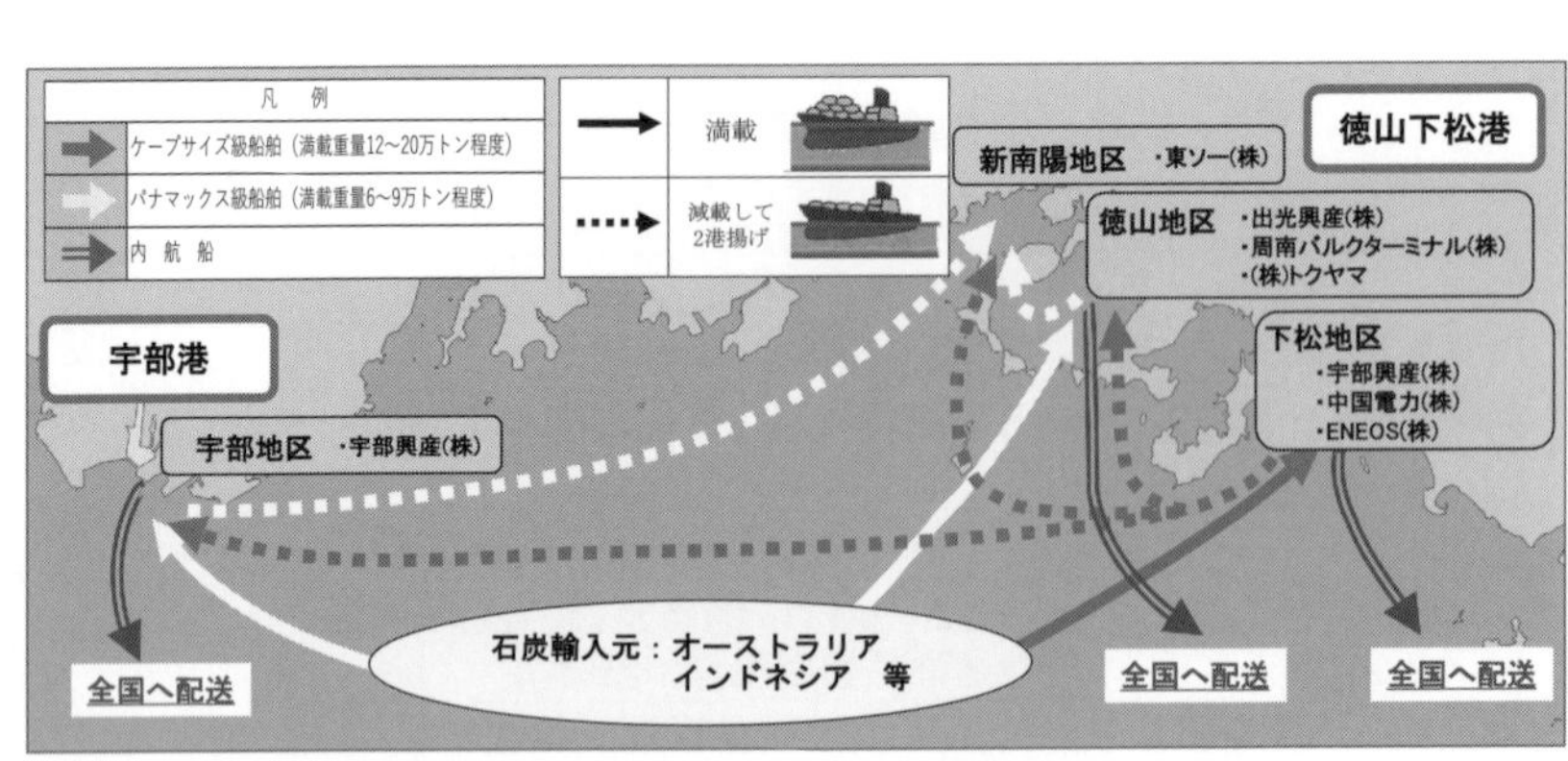

図1　徳山下松港・宇部港事業スキーム

背後に臨海工業地帯を抱える徳山下松港には、宇部港とともに、全国有数の石炭中継基地があり、山口県の石炭取扱量は全国第1位となっています。こうした強みを背景として、平成23年に、この2港が国際バルク戦略港湾（石炭）に選定され、官民を挙げての取組が進められています。

具体的には、大水深桟橋（-19ｍ）等の施設整備に加え、企業間連携を促進することにより、ケープサイズ級などの大型船舶による石炭の大量一括輸送（共同輸送、2港揚げ（図1参照））の実現を目指しています。これにより、輸送コストの削減が約3割、年間約100億円見込まれており、安価かつ安定的に石炭を供給することで、企業の国際競争力強化に繋がることが期待されます。

現在、国及び山口県と連携し、国際バルク戦略港湾政策の早期実現に向け、ハード・ソフト両面から取組を推進しており、当社は、ハード面では荷役機械の整備、ソフト面では大量一括輸送に向けた企業間連携の促進（調整）の役割を担っています。（表1参照）

《おわりに》

当社としましては、こうした取組により、石炭の輸送コストを削減し、西日本を中心とした国内産業の国際競争力を強化することにより、設備投資や雇用の創出など、地域経済の活性化に貢献できるよう鋭意努めていきたいと考えています。

地域経済を支える細島港

日向市長　十屋 幸平

〈はじめに〉

日向市は、重要港湾「細島港」を擁し、産業開発の拠点、港湾工業都市として発展を続けています。東九州の中央に位置する細島港は、コンテナ航路により神戸、アジアを経由して世界約40か国との交易がなされています。また、背後圏では東九州自動車道、九州中央自動車道の整備が進展しており、今後更なる利便性の向上が期待されています。

〈細島港の歩み〉

細島港は、海上交通の要衝として、また、地域産業を支える流通基盤として古くから重要な役割を果たしてきました。昭和20年代に重要港湾の指定を受け、昭和30年代の後期には細島港の背後圏である日向市・延岡地区が新産業都市に指定されました。昭和40年代から平成の初期にかけ、世界では物流の効率化を背景に海上輸送のコンテナ化や船舶の大型化が躍進。このような中、平成初期に細島港においても関西やアジアとのコンテナ定期航路が開設されます。平成中期、港湾の更なる静穏度向上を目指して沖防波堤の整備が開始され、さらに、水深13mの岸壁を有する国際コンテナターミナルが供用を開始します。平成後期、石炭等のバルク貨物を大量に取り扱う国際物流ターミナルが供用を開始し、令和の時代となった今では、原木需要の急増に対応する新たな岸壁の整備が鋭意進められています。このように、細島港はその時代の変化とともに姿を変え、港湾機能を強化してきたのです。

写真提供：宮崎県

〈**地域経済の好循環**〉

さて、港湾整備等によるインフラ機能の強化は、既存の経済・産業活動を継続的に支えるとともに、新たな企業立地や物流拠点の形成にも大きく影響します。日向市においては、インフラ機能の強化に合わせ、誘致に向けた施策を展開してきました。具体的には、市内に進出する企業に対して、用地取得に係る費用の助成、新規雇用者に対する奨励金、固定資産税の減免など、様々な優遇措置を講じた上で、製造業・物流関連施設を中心に誘致を進めてきました。その結果、平成17年度から令和元年度までの15年間において、化学、製材、医療機器関連の大手メーカーをはじめとする63件の企業立地と約1070億円の設備投資、約1600人の雇用が確保されました。このように、インフラ機能強化と並行した施策の展開が地域経済の好循環を生んでいるのです。

〈好循環を継続させるための課題〉

地域経済の好循環を安定的に継続し、地域を支えていくためには、課題もあります。近年、細島港では臨海部への企業進出が相次いでいることから、用地を継続的に確保していく必要があります。そこで、日向市では、昨年（2019年）3月に民間所有の遊休地（約4・5ha）を取得し、同年8月に分譲を開始したところ、様々な企業様から問い合わせと応募をいただき、開始からわずか半年程度で分譲用地の半分程度が契約済となりました。企業が立地することで、新たな雇用が創出されるとともに、様々な業態が相互に関係することで経済に好影響をもたらすことが期待されます。

〈おわりに〉

近年の米中間の貿易摩擦、SOx規制に伴う燃料価格の高騰、コロナ禍など、わたし達は新たな課題に直面しています。これに連動するかたちで、サプライチェーンやロジスティックスの構造や仕組み、モノの流れにも変化が生じると捉えています。この変化に追従する上で重要な役割を果たすのが港湾、海上輸送ネットワークであると考えており、港の重要性は今後更に高まることでしょう。港を核として発展を遂げてきた日向市にとって、細島港は地域の宝ですが、東九州の中央に位置し、港湾や背後圏の高速道路といったインフラ整備が進む細島港のポテンシャルは高く、九州の宝となる可能性をも秘めています。引き続き関係者と連携しながら取り組んでいかなければなりません。

最後に、今般のコロナ禍は、私たちの生活スタイルや価値観に極めて大きな影響を及ぼしています。変化に適応し、更なる発展を遂げられるか否かを問われているように思います。今を冷静に見つめ、それぞれの港の強みを活かしながら地域経済の発展に貢献することが日本の元気に繋がると確信しています。ともに頑張りましょう。

つながる敦賀港

敦賀市長　渕上　隆信

《1　はじめに》

　敦賀港は、琵琶湖を真っすぐ北へ抜けた日本海側に位置し、天然の良港であったことから、古くから我が国各地域とアジア大陸を結ぶ交易拠点として、また江戸中期以降は北前船の寄港地として栄えてきました。

　明治32年（1899年）には開港場に指定され、昨年、開港120周年を迎えたところです。

　現在は、韓国・中国とのコンテナ航路及び韓国とのＲＯＲＯ船航路が就航しており、福井県内だけでなく滋賀県や岐阜県などの県外企業も利用され、敦賀港は今でも日本と大陸をつなぐ重要な窓口でもあります。

敦賀港と内貿航路

また、内貿航路は、北海道苫小牧港との間にフェリー及びＲＯＲＯ船航路が週14便就航しており、平成31年（２０１９年）4月からは、博多港との間にＲＯＲＯ船航路も就航し、北前船が行き来していた時代を彷彿とさせています。

北海道から敦賀を経由して九州までつなぐ日本海側縦断航路として、敦賀港の活性化はもちろん、全国的なトラックドライバー不足の解消、需要が高まるモーダルシフトの受け皿、また災害時のＢＣＰの観点からも非常に大きな期待が寄せられています。

《2 敦賀港と内貿輸送》

さて、敦賀港の定期内貿航路は、北海道と九州間で週20便のフェリー・ＲＯＲＯ船航路が就航しており、敦賀港で取り扱う貨物量の約7割を占めています。

とりわけ敦賀港の発展に大きく寄与してきたのが、今年就航50周年を迎えた北海道とのフェリー航路です。日本海側初の長距離フェリーであり、岸壁などの施設整備、冬場の荒波を安全に運航するため最新技術を搭載した大型フェリーの建造や安定的な貨物量の確保など、様々な課題に対し船社・荷主・行政の関係者の皆様が連携して尽力されたことで、北海道と関西中京圏が結ばれ経済と暮らしを支える一役を担う航路に発展してきたものと認識しております。

さらに、昨年4月に就航した博多ＲＯＲＯ船航路により、敦賀港の重要度は増し、さらなる機能強化が求められております。現在、国と県により岸壁延伸及びふ頭用地の拡張事業を進めており、非効率な荷役形態が改善され、内貿ＲＯＲＯ船の取扱貨物量の増加にも対応が可能となります。

また、敦賀市では、敦賀港の近くに産業団地を整備し、今年、博多航路の開設も後押しとなり物流事業者が進出し営業を開始しております。今後も、敦賀港の新たな需要創出・利便性向上のため、製造業だけでなく倉庫や物流事業者も含めて誘致を進めていくこととしています。

《3 北陸新幹線敦賀開業に向けて》

令和５年（２０２３年）春には、北陸新幹線敦賀開業が予定されており、現在、金沢から敦賀間において工事が進められ、８月にはすべてのトンネルが貫通したところです。トンネル掘削にて発生した土砂は、敦賀港ふ頭用地拡張事業の埋立材として利用され、港湾事業とも連携がなされております。

また、敦賀開業に向けた観光客の受け皿づくりとして、敦賀港金ヶ崎地区において官民連携による賑わい創出を進めており、本年11月３日には「人道の港敦賀ムゼウム」がリニューアルオープンいたします。

ちなみに、「ムゼウム」は、ポーランド語で「資料館」の意味です。「人道の港敦賀ムゼウム」は、敦賀港に1920年代にポーランド孤児、1940年代に「命のビザ」を携えたユダヤ難民が上陸した際に、当時の敦賀市民が温かく出迎えをしたエピソードを紹介し、命の大切さと平和の尊さを発信する資料館です。皆様ぜひお越しいただければと思います。

《4 おわりに》

新型コロナウイルス感染症により日本各地の産業・観光全ての面で厳しい状況が続いておりますが、この困難に打ち勝つためにも関係者が連携し協力することが重要ではないでしょうか。

敦賀市では、敦賀港を中心として周辺地域がそれぞれの優位性を活かしながら連携し共に発展を目指す「ハーモニアスポリス構想」を策定し推し進めているところです。

今後も、関係各位の御協力を賜りながら、志を同じくする皆様と共に互いに発展し、各地へと地域間協調が繋がり、「みなとの元気が日本の元気」となるよう尽力させていただきます。

「人道の港敦賀ムゼウム」
大正から昭和初期の建物群を当時の位置に復元

外国クルーズ船の誘致復活に向けて

株式会社ＫＭＩ代表取締役　宮﨑　浩二

四方を海に囲まれた海洋国である我が国では、全国津々浦々の港が国の経済と国民生活を支える必要不可欠なインフラとして、国や地域の発展に大きく貢献してきました。

今、令和の時代を迎え、我が国は様々な課題に直面しています。とりわけ世界的な新型コロナウイルス感染症の拡大により、国民生活や国内外での企業活動の在り方が大きく転換する過渡期を迎えています。

このような中で、我が国の経済が発展し、国内の企業が将来に向けて持続可能な発展を実現していくためにも、港の果たすべき役割を再検討し、港を核とした地域の活性化などを強力に推進していく必要があると思われます。

具体的な推進テーマとしては、

（１）サプライチェーンの見直し・再構築
（２）臨海部産業集積の再興（生産拠点・物流拠点）
（３）防災・減災・国土強靭化
（４）港を核とした地域活性化（外国クルーズ船誘致・みなとオアシス）

等がありますが、その中から外国クルーズ船誘致およびクルーズ船関連ビジネスに焦点を絞って論じてみたいと思います。

我が国における外国クルーズ船受入れの歴史は未だに浅く、２０１３年頃を始まりに、２０１９年の統計によれば全国で１９３２回の寄港実績がありました。

大型クルーズ船であれば乗員・乗客の合計は５０００人を超え、いわゆるインバウンド需要は観光関連業や飲食・物販の業種等において大きな経済効果をもたらします。

また他にも、私が２０１７年に起業した（株）ＫＭＩ（外国クルーズ船に日本の食材等を供給販売するために設立した商社）のように、外国クルーズ船社との間に新規ビジネスが派生し、それに伴って新たな雇用が創出されます。すなわち、外国クルーズ船の寄港は地域経済の振興発展に大きく寄与していると言えます。

一方で外国クルーズ船社側も、日本におけるクルーズビジネスの将来性に対して大きな期待感を持っています。ターミナルの建設等に投資をしたり、新たに大型クルーズ船を市場に投入したり、日本発着クルーズについても増便を計画するなど、２０２０年以降もクルーズ市場は着実な拡大が見込まれていました。

しかるに、２０１９年に端を発したコロナウイルス感染症の拡大により、クルーズビジネスは全世界的に営業休止を余儀なくされ、大きな危機にさらされています。

このコロナ禍は未だに収束の兆しを見せず、先行きは極めて不透明で、世界経済に及ぼす悪影響は計り知れませんが、必ず克服していかなければなりません。

外国クルーズ船の誘致復活は、外需の取り込みにより観光立国を図り、地方創生へと繋げて国内経済の発展を目指すという視点からも大変重要な課題です。

よって今のうちから外国クルーズ船ビジネスの復活に備えて、港が果たすべき役割や機能について十分な検討を進めておかなければなりません。

そこで次の点について提言したいと思います。

まずはコロナウイルス感染症防止対策です。

何よりも先にこの問題を解決することが、外国クルーズ船受入れの1丁目1番地であると考えます。

現在外国クルーズ船社は独自の厳格な防止策を検討していますので、海外からのコロナウイルス侵入を防ぐ水際対策として、それを徹底的にチェックすることです。次に受入れ港サイドとしても、厳格な「受入れ基準」を策定して船社側にこれを通告し、双方が互いの基準について了承した上で寄港を許可することが肝要です。また同時に寄港地側は港湾設備のみならず乗員・乗客が訪問する先の安全性を確認し、その安全性について船社側にメッセージを発信すべきです。

双方が互いの基準を遵守することにより、安心・安全に関する信頼関係が深まり、外国クルーズ船誘致復活に向けての第一歩が始まるはずです。

次に、港の役割や機能充実について、外国船社側の視点から述べてみたいと思います。

まずは船舶に関する事項で、

（1）食材・飲料・燃料等の供給機能

（2）船舶機材・設備等の修理メンテナンス機能

（3）産業廃棄物の処分機能

などについて船社の要望に応える体制を整えることです。

次に、乗員・乗客の望む視点では

（1）スピーディーな通関・出入国・検疫システム

（2）観光案内、軽食、ショッピング、休憩スペース

（3）港湾設備一帯のWi—Fi環境整備

などの機能・設備が充実されることです。

また、港の役割・機能整備と直接的な関係はありませんが、港は海外からの交流人口の玄関口であるという点からみれば、訪問先観光地への交通アクセス充実・交通渋滞の緩和システムや、大型バス駐車場の確保等についても改善を図ることが重要になると思います。

以上のような施策の充実が図られることにより、Withコロナ、Afterコロナ社会の中で、日本における外国クルーズ船ビジネスが一日も早く復活し、港を核とした地域の活性化が継続的に推進されることを熱望しております。

7つのメッセージ

第3章

【観光立国】

地域の魅力を磨き、活性化する！

みなとから文化を発信して日本を元気に！

小山薫堂氏（放送作家・プロデューサー）インタビュー

《東京港の新客船ターミナルのさん橋をランウェイに》

――2020年9月2日にルイ・ヴィトンの東京ファッションショーを、東京港新客船ターミナルで企画・開催された経緯をお聞かせ下さい。

ルイ・ヴィトン本社のマイケル・バーク社長とは、彼が以前フェンディ本社の社長時代に中国でのファッションショーを企画して以来の関係です。実はファッションショーで一番悩ましいのは観客の席順です。誰を最前列にして誰を2列目、3列目にするか。例えばファッション雑誌の編集長を最前列にしていて、その人が異動になった時に後ろにすると、「俺は編集長だから前にしていたのか」とか言われてしまう（笑）。そういう話を聞いていたので、「全員が1列目に並んで座れる世界一長いランウェイでファッションショーをやらないか」と提案したんです。「どこでやるんだ」と問われ、「万里の長城なら全員が1列に座れる」と。準備が大変でしたが、2007年に実際に万里の長城でショーを開催することができました。

今回、彼から2カ月程前に「中国でファッションショーをやりたいから考えてくれ」と連絡があり、まず中国のどこでやったらおもしろいかを考えました。例えば砂漠の中とか、いろいろ考えたのですが、青島港にコンテナが大量に積み上げられているところがありました。ルイ・ヴィトンは元々旅がコンセプトのブランドなので、コンテナとも絡められる。それで上海の港（桟橋上）での開催を提案したら、「コンテナ、いいね！」となって、上海だけではなく、東京でも開催したいという話に急遽なった。

他にも候補としては東京タワーとかいろいろあったんですが、コンテナをたくさん置くとなると、港の広いター

東京港新客船ターミナルでのファッションショー（写真提供：東京都港湾局）

ミナルが良い。「（新客船ターミナルが）本格供用前のこの時期ならばピンポイントで利用可能」ということで、奇跡的なタイミングで東京港で開催できることになりました。話が来てから開催まで時間がなかったこと、花火を打ちあげたかったこともあり、調整が一番大変でしたが、いろいろな方にご協力いただき感謝致します。

《港に１００個のコンテナ茶室を並べてアートフェスタ》

――今回はファッションショーでしたが、他に港で企画してみたいイベントはありますか。

今回改めて「コンテナはおもしろい」と思いました。いま京都で仕事をしていますが、広さはすごく大切です。広ければいいということではなく、人に心地の良い広さがある。それは茶室で感じました。普通、「四畳半のアパートで」と言うとものすごく貧しい感じの形容詞として使われるじゃないですか。「学生時代は四畳半のアパートに住んでいました」と言ったら、狭い部屋に住んでいたんだと。でも、四畳半の茶室はすごく広いと感じます。うちでも最近、茶室をつくりましたが、三畳か二畳でもよかったと思う。そこで何をするか、どんなしつらえにするか、どういう思いで入るかによって空間の価値は変わる。

今回ショーで使った20フィートのコンテナは、畳にすると8・5畳ぐらいの広さです。茶室として考えると、8・5畳はすごく広い。それがこんなにたくさん置けるのは、実はすごいことです。それで思ったのは、「大茶会」です（笑）。たとえばコンテナ茶室が100個ぐらい並んでいる。その一つひとつを茶人やアーティストがプロデュースして、「誰々の茶室」としてそれを巡っていく。

各茶室の壁にはアートが掛かっていたりする。ただお茶を飲むだけのストレートな茶会だけではなく、「あのアートが欲しい」とか。アートオークションになっているとか、アートとお茶とコンテナと港を使うと、すごくおもしろいイベントができる。茶室に限らず、いろいろな日本の文化を紹介する場として、コンテナを使ってアートフェスタみたいなものを開催するとおもしろい。

——コンテナを文化の発信ツール・空間に使うというのは思いつきませんでした。もともとコンテナに関心を持たれていたんですか。

関心があったわけではないです（笑）。どちらかと言うと、あれぐらいの狭い空間の価値が面白い。飛行機で言うと、ファーストクラスはものすごく贅沢な気がするけれども、空間にしてみたら狭いですよね。カプセルホテルより狭いのに、置かれた環境によってすごく贅沢な空間になる。寝台車も同じで、ななつ星などは1泊何十万円の部屋もあります。普通のビジネスホテルのシングルルームと同じぐらいの広さなのに、どんなに狭くても人の考え方一つで、動いているというだけでものすごく付加価値が上がる。コンテナの中の空間の造り方や、設置する場所やどのように設置するかによって価値が変わってきます。フロートみたいなのものに載せて、海の上の茶室みたいにしても良い。確かクレーン上のホテルが、海外のどこかにありましたね。

――オランダに造船所の古いクレーン上にそのまま泊まれるホテルがあります。日本だと規制もあると思いますが。港のクレーンや工場には、さまざまな照明が付いていて水面に反射して夜景もきれいです。

よく美術館のナイトツアーとかありますよね。安全上、人が来すぎると困るならば、まずは、ああいうものからやってもいいのかなと思います。限定された方を船に乗せてコンテナターミナルなどを観光スポットとして案内する。その後、コンテナの中にみんなで寝る（笑）。次の日の朝、すごくおいしい朝食を近所の漁師さんたちが船で持ってきて、焼き魚を味わえるとか。それを月１回でもやれば、最も予約が取れないホテルとして話題になりますよ（笑）。

《２００年後の景色を想像しながら港町を少しずつ変えていく》

――クルーズ船などで世界各地の港を訪問されていると思いますが、どこが印象に残っていますか。

個人的には「ポルトフィーノ（注）」や「ポジターノ（アマルフィ海岸西端のリゾート地）」が好きです。実はポルトフィーノは企画によって生まれ変わった港で、今の姿になったのは意外と近代になってからです。もともとは漁村でしたが、18世紀の終わりか19世紀初め以降、富裕層が少しずつやってきて高級リゾートに変わっていった。

僕の故郷である天草の「﨑津」もすごく雰囲気が良い。漁師町ですが、２００年後の町の景色を想像しながら少しずつ変えていったら、本当にすばらしい港になる。ポルトフィーノは、たぶん１００年位かけて今の姿になっている。

――天草と言えば、「三角西港」もご先祖がお造りになったとのことですが。

僕の高祖父に当たる「小山 秀之進」は、天草で土木や金融業などを営んでいました。幕末、長崎が開港地として整備され始める中、長崎に出て、棟梁として出島の護岸の補修工事などをてがけました。それからグラバーから大浦天主堂の工事を請負い、オランダ坂も造った。あれは全て天草石が使われています。

（注）ディズニーシーのモデルと言われているイタリア・ジェノバの近くのリゾート地

秀之進は居留地の整備などで財をなした後、グラバーと一緒に炭鉱の開発、経営に乗り出します。長崎の高島炭鉱です。そうしたら、グラバーが破産してしまい、自分でやらなければいけなくなった。その後着手したのが端島炭鉱、軍艦島です。軍艦島を開坑して、護岸を天草の石で全部造って、石炭の採掘に乗り出した時に台風が来た。高潮で坑道に全部水が入って、たくさんの方が亡くなり、小山家の財産も全てなくなった。それで天草に戻って裸一貫からやっている時に、三角西港の話が来て築港に携わった。

《みなとは少年時代の遊び場だった》

——ご先祖さまが当時最先端で手がけられたことが、150年後まで港に残り「世界遺産」に指定されているとはすごいですね。この他、印象的な港はありますか。

世界の港で一番おもしろいと思うのはフィンランドの「ヘルシンキ港」です。ヘルシンキにはサウナがたくさんありますが、ふ頭の突端に「ソンパサウナ」という公衆サウナがあります。元は工事現場の事務所が放置されていたものを、誰かがサウナとして使い始めた。ここで汗をかいたあと、目の前の海に飛び込む。これをサウナにしたら、市民がどんどん集まってきた。埋立地の突端にあって、船がいっぱい行き交っています。「この先、工事現場につき立入禁止」という柵がありますが、みんなそれを乗り越えて来ている。そのうち、毎週土曜日か金曜日に、ここが自然発生的にお祭りの拠点になった。そのうち寄付をする人が出てきて、少しずつちゃんとした建物になっていった。

すごいなと思ったのは、日本なら違法なので役所が閉鎖してしまうところを、ヘルシンキの市長あたりが「これは大切な文化だ」と言って存続を認めたようです。いまも管理人はいないけれども、自主組織によって運営されている。ただ、周囲にどんどん住宅が建ってきていて、ソンパサウナは移転先を探している状況でした。「ソンパサウナを守ろう」みたいなホームページを作られるなど、市民が応援しています。

実は中学生の頃、僕はいつもどこで遊んでいたかと言うと、港で遊んでいたんです。天草に「本渡港」という港がある。学校帰りにいつもそこに寄って、防波堤の先から海に飛び込む。横を船が行き交っているので危ないと言えば危ないですが、２００～３００m沖に灯台があるので、船が行き交わない時にそこまで泳いで戻ってくる。あるいは、潜って一番大きな石を誰が取ってこられるか、みたいな遊びをやっていました。

――「ソンパサウナ」みたいですね。

景色も良いので、あそこにコンテナでも置いて、屋台村やイベントができる空間にすると面白いですね。

《島国なのに船がやや遠い存在なのは、「船で行く目的地がない」から》

――この他、日本の港ではどこが印象に残っていますか。

日本の港はどこも好きですが、長崎は稲佐山から見る夜景とかすごくきれいです。長崎はいいなあ。葉山も好きです。これからのシニアの富裕層の遊び方として、「船で日本一周は絶対にあり」だと思います。「今日はここからここの港まで」、そこに船を置いて、銭湯に入ったり、周辺を巡る。キャンピングカーが少しずつ流行っていますが、その船版みたいなものです。それこそ「みなとオアシス」みたいなところを巡りながら旅したら、と思います。

日本は島国なのに船はやや遠い存在じゃないですか。富良野に移住された脚本家の倉本聰さんを一度、天草にお連れしたことがあります。船に乗って、御所浦という離島まで行った。そうしたら倉本さんが、「君は何をしているんだ！」といきなり言い出した。「どういうことですか」と聞くと、「なんで東京なんかに住んでいるんだ。僕は故郷でも何でもないところに移住したんだから、君は故郷の天草に早く移住しなきゃだめだろ。船を買って、島を買って、島に事務所をつくって、社員はみんな船で島に通勤する。そういうライフスタイルは、やろうと思えばすぐできるだろう」と言われました。確かにそれもいいなと。御所浦島に廃校があって、目の前に桟橋が付いています。市役所の人が「格安で譲ります」

と言ってくれましたが、社員が誰もついてこないかもしれない（笑）。

――もし時間があるとしたら、どういうところを船で回りたいですか。

瀬戸内海はいいですね。波が穏やかで。僕はずっと地中海のクルーズに乗ることが多くて、地中海は気候も温暖だし、波もそんなに高くないので最高と思っていましたが、瀬戸内海で「ガンツウ」に乗ってみると、海は穏やかだし、何より日本は飯がうまい。日本にはもっともっと素晴らしいところがあるんだな、と思いました。

他にも誰もいない「厳島（宮島）」も良かった。朝7時に上陸して誰もいない島内を巡ったりする。あとはうず潮とか。夜、月明かりで停泊していて島影が見える風景とか。クルーズでないと見られません。それをお風呂に入りながら見られる、お風呂が好きなものですから（笑）。

その意味では、海上温泉、海上銭湯みたいな施設があったらすごい。あとはサウナです。海水浴場よりも、お客さんが来るんじゃないでしょうか。いま海水浴へ行っても、泳いでいる人はそんなにいないですから。

あと、海沿いに船で行ける場所が増えたら、船の文化はもっと広がる。今は「目的地がないから」、船がいまひとつ普及しない。釣りしかないじゃないですか。富裕層の人がときどき「〇〇まで寿司を食べに行った」と仰いますが、目的があるからわざわざ行くわけです。車でも行けるけど、車で行くとすごく遠回りで苦労した末にたどり着ける場所が、船だったらこんなに簡単に行けるんだということはある。半島につくってみると良いと思います。

《一直線のふ頭の上で寿司を握ってほしい》

――たしかに「船で行く目的（コト）づくり」が必要ですね。

例えば、スペインやポルトガルでは、国がお城などの文化財をホテルとして活用しています。スペインでは「パラドール」、ポルトガルでは「ポサーダ」。グラナダのアルハンブラ宮殿の中にも。そうしたホテルを回るのが一つのツアーになっています。日本でも海に面した都道府県がそうした施設を各県1個ずつ造る。客室数は10室ぐらいで十分。文化庁は今「文化財の保存から活用」に取り組んでいますから、文化庁とも連携を図りながら進めたら良い。そうした施設を「全部巡るのが夢だよね」というシニアも出てくると思います。

あとは魅力的な船、乗ってみたいと思わせる船、泊まりたいと思わせるコンテナホテルでもあれば、人は絶対に来ます。船を造らずとも、フロートみたいなものにコンテナを乗せて、それを小さな船で引いても良い。それぞれが工夫を凝らして、「とっておきの港から出て、その地のとっておきのシーフードと文化が船の中に詰まっている」ツアーをつくる。時期によって、「船はこの時期は八代沖にいるけれども、この時期は天草にいます」とか。長崎なら、五島にいることもあれば長崎湾にいることも。

ふ頭の一直線というのも実に魅力的です。あそこに寿司カウンターをつくってほしい（笑）。朝市のように、月に1回でもいいですが、その地域のお寿司屋さん全員が集まるんです。一列に並んで、朝方、ふ頭で客が待っていると、向こうから漁船が「○○が釣れました！」とやってくる。そうしたらふ頭で職人が「俺、握るよ！」とか言って（笑）。絶対に観光名物になります。

《船やみなとで地域の文化を繋ぐ》

――この他、港でやってみたいことはありますか。

この船に乗ったら日本各地のことが全て判るというような「ザ・ニッポン丸」を政府が造って、常に日本列島を周遊させる。いろいろな使い方が考えられますが、船は昔、文化をつくったじゃないですか。北前船は文化を繋げていたわけで、地域の文化を繋ぐのは船の役割だと思います。その船が、ある港に停泊している間は、料理人がやってきてその土地の最上のものが食べられる。船が停泊した際には、地元の子どもたちが中を見て回って全国各地のコトを知ることができる。工芸などオーダーしたものが、次に半年後に戻って来た時には完成していて受け取れるとか。半年に1回巡ってくる「動くお祭り」みたいなものを、船を中心に造る。船は毎日がお祭りです。移動遊園地ではないですが、お祭りが回遊しているイメージでやると良い。

――日本文化の情報発信拠点としても使えますね。

２０２５年の大阪万博の会場は海に面しています。船がいわば動く司令塔みたいに、ぐるっと回って万博の宣伝もしながらまた帰ってくる。２０２５年に向けて、1年ぐらい前からやったら良い。

《みなとは「夢が飛び立つ」場所》

――最後に全国各地の「みなと」で頑張っている方々に向けて、メッセージを頂けますでしょうか。

僕にとって、「みなと」は夢が飛び立つ場所というイメージです。港から船が出て行く訳じゃないですか。「自分が知らない世界へ行く、世界に繋がっている」感じがあって、そこから灯台が先に見える風景が、ちょうど飛行機が空港を離陸していくのと似ています。「港は旅立ちの場所」であったり、「未来へ向かう発信拠点」みたいなイメージをつくることができる。

港はまた都市の中心であり、以前伺ったように全国「津々浦々」というぐらい日本にはたくさんある。港がよくなると日本の輪郭がもっとよくなって、さらに発展するきっかけになる。人が来たくなる港、港を「行きたい」と思えるような場所に、どんどん磨いていっていただきたいと思います。

小山薫堂●1964年、熊本県天草市生まれ。放送作家・プロデューサー、京都芸術大学副学長。日本大学藝術学部在学中に数多くのテレビ番組の企画・構成に参加。『料理の鉄人』『トリセツ』で国際エミー賞を受賞。映画『おくりびと』では脚本を手掛け、第81回米国アカデミー賞外国語映画賞などを受賞。人気キャラクターくまモンの生みの親でもある。

今こそ、瀬戸内海をクルーズ観光の世界ブランドに

一般社団法人中国経済連合会 会長　苅田 知英

《世界に類のない瀬戸内の魅力》

瀬戸内海は、東西に伸びる複雑な海岸線と大小７００もの島々により多島美を形成する世界的にも類のない景観を持つ地域です。

また、古くから、大陸から畿内につながる海上交通の大動脈として栄え、多くの人や物、情報などが行き交い、沿岸地域にはそれぞれ固有の歴史や文化が育まれてきました。

このような瀬戸内海は、古くから日本を訪れる多くの外国人を魅了し、例えば、江戸時代に鞆の浦に立ち寄った朝鮮通信使の李邦彦は、福禅寺からの景色を「日東第一形勝（対馬から江戸までの間で最も美しい景勝地）」と絶賛しています。

明治以降も、瀬戸内海は、風景美、歴史的な街並みと地域文化、昭和から平成にかけて次々と完成した本州と四国

を結ぶ3つの海峡大橋など豊富な地域資源により多くの観光客に親しまれてきました。

近年では、多島美を見ながらサイクリングを楽しめる「しまなみ海道」をはじめ、野生のうさぎによる癒しの島「大久野島」、現代アートの島「直島」、干潮時に出現する砂の道が恋人の聖地となった「小豆島」、温泉旅館がそれぞれ現代アートを飾ることで人気の「道後温泉」など新しい魅力を加えた観光地が次々と生まれ今でも進化を続けています。

特に、クルーズ船による〝海の観光〟が世界的に脚光を浴びる中で、クルーズ船の瀬戸内海の港湾への寄港も増え、瀬戸内海におけるクルーズ船寄港回数は、2019年実績で、739回（うち外国船社300回）に及んでいます。

《中国地域のグローバルゲートウエイ　広島港》

このような瀬戸内海において海上交通の要衝である広島港は、時代の要請とともに様々な役割を果たしてきました。明治23年に貿易港として開港指定されて以降、戦前は広島地区の商業・工業港として、また日本陸軍の軍用港として重要な役割を果たしてきました。戦後になると、海運物流のコンテナ化の進展等に対応した港湾整備が進み、現在では、中四国経済圏の物流の拠点として自動車産業を中心とする地域産業の海外との重要な窓口としての役割を果たしています。加えて、瀬戸内海の海上旅客交通の拠点として、多くの旅客フェリー、高速船、観光船などが就航しており、島民の本土への通勤・通学や観光客の

〝海〟の観光を支えています。

時代により様々な役割を果たしてきた広島港は、今後、物流の国際拠点港湾としての役割に加えて、クルーズを含めた多様な旅客を世界から受け入れる中国地域のグローバルゲートウエイとしての役割が期待されています。

《クルーズ推進会議を推進力に》

このような瀬戸内海の観光分野の状況を受けて、２０１８年、瀬戸内海が世界的にもブランド力の高い〝クルーズの海〟となることを目的に、地元自治体、整備局等国の機関、中国経済連合会や四国経済連合会等の経済団体が中心となって「瀬戸内海クルーズ推進会議」を立ち上げました。

この会議では、瀬戸内海の魅力を世界に向けて情報発信することやクルーズ船社への誘致活動、クルーズ船の受入れに相応しい港湾の整備、海から陸の観光地へつながる周遊コースの開発や観光体験の提供などの取り組みを地域の官民が一体で進めているところです。

世界的にはエーゲ海やカリブ海がクルーズの海として有名ですが、穏やかで静かな海や多島美が広がる景観は、〝瀬戸内海〟だけのものです。我々は、瀬戸内海はクルーズ観光において大きなポテンシャルを持った海であり、クルーズ振興の取り組みは、瀬戸内海に新しい魅力を加えてくれるものと確信しているところです。

《2025年大阪万博開催をターゲットに》

現在、コロナ禍により、世界の観光・旅行業界は大きなダメージを受けており、瀬戸内海におけるクルーズ船の寄港数も今年に入ってからは、外国船社・日本船社とも大きく落ち込んでいます。今後、厳格な感染防止対策のもと、ウィズコロナのクルーズ振興の取り組みが徐々に再開していくものと考えていますが、我々としては、コロナの感染状況の推移を見守りつつも、当面の需要回復に向けた対策と中長期的な需要拡大に向けた対策などに関して会議メンバー内での意見交換を進め、できることから取り組んでいかなければならないと考えています。

世界における新型コロナウイルス感染症に関する今後の見通しは不透明であり、将来をどう読んでいくか難しさはありますが、現時点の外国船社クルーズの誘致活動の中長期的なターゲットは、2025年に開催される大阪万博ではないかと考えているところです。

繰り返しになりますが、瀬戸内海クルーズ推進会議として関係者が一致団結し、瀬戸内海の海事観光のポテンシャルを最大限引き出すことで、クルーズの世界的な聖地としての認知が高まり、世界中から多くの観光客が訪れるとともに、寄港地を中心に各地域が活性化し、新たな地方創生のあり方を提案できると確信しています。

〝Pure Japan On SadoIsland〟豊かな資源を繋いで世界に繋がる港へ

一般社団法人佐渡観光交流機構 専務理事兼ＣＥＯ　清永 治慶

日本を日本海が右側にくるようにひっくり返すと、ヨーロッパやアジアから見て佐渡は日本の中心です。古くは順徳天皇、日蓮上人、世阿弥などの文化人が流されることで文化が醸成され、江戸に入ると金銀山は幕府の天領として栄えるとともに自給自足ができる佐州佐渡国として、また初代代官である大久保長安が能を振興し、今の日本の能舞台の１／３が集まる文化芸能の国になりました。江戸時代には北海道から大坂にかけての北前船の中継点として栄えました。そんな佐渡は明治期の二つの戦争を支え、日本や世界と繋がりつつ、いろんな意味において〝日本の縮図、Pure Japan〟だったといってもよく、その中で両津港は佐渡全体の物流・人流の拠点となっています。

今回のコロナ禍は佐渡には大変なダメージを与えましたが、逆にピンチはチャンスであり、観光地として人の流入経路が限られるのは非常に大きな意味を持っています。一方で佐渡金銀山の世界文化遺産への登録を目指す佐渡にとって、近い将来オーバーツーリズムで起きる地域の観光客へのヘイトとコロナに対するヘイトを比較して、今後の佐渡の観光地経営をどうするべきかを一度立ち止まって考えなおすいい機会でした。結果として

Message From SadoからLive Togetherに続く動画の配信と、日本で初めて、観光地全体として【住む人も来る人も安心安全な島】としてブランディング（佐渡クリーン認証）する取組みに繋がっています。

現在佐渡は日本の良さも悪さも内包した島であり、観光客は120万人から50万人まで落ち込み、人口も6万人を切っています。佐渡は2030年までに100万人の関係人口を増やす目標をもっていますが、観光地経営としての目的は佐渡が抱えている課題である人口減を自然減と社会減に切り分け、「観光＝雇用と定住」と位置付け、活性化を人の交流ではなく、経済活性化としてヒトとカネとモノをいかに循環させていくかということです。また観光地経営を経済、社会、環境の3視点でバランスをとりながら、地元への責任（responsibility）と外部とのバランスが取れた持続可能な（sustainability）成長と位置付けています。近い将来には両津港ターミナルも建て替えおよび改修の予定がありますが、その際は観光客と島民のお互いがコミュニティや文化を育み、交流できる場所になれば成長と責任のバランスの取れた港になると思います。

コロナ渦において、旅行産業市場は日本だけでなく世界でも急激に縮小する結果になりました。今後のコロナ渦との共生を考えた場合、人間の旅をしたい、心の安らぎを得たいという願望は昨今のワーケーションの高まりを見るにつけても、観光産業市場の復活は早くなる可能性は高いです。成功例に甘んじて他の観光地の後塵を拝してきた佐渡にとって、一度市場が縮小し広がりを見せていこうとしている今だからこそ、国内外の観光地に差をつけ世界の観光地になるチャンスです。行政と民間のそれぞれのメリットを生かしつつ、長期的な理念と視野に立たなければ、佐渡以外の世界も含めた他の観光地に勝つことは到底出来ません。今こそ、国内外に対してブレないブランディングが必要です。また今後安心安全への意識が高まっていくことは容易に予想できますし、来るべきインバウンド需要の復活を見据えても顧客の重要な選択要素になるでしょう。数年後の佐渡金銀山の世界文化遺産登録を見据え、観光立島として地域の利益を上げるためには、佐渡の人に島の魅力を再認識してもらい（島内のファンづくり）、2年前から佐渡市から委託を受けているさどまる倶楽部（現在島外だけで2万7千名）会員をインバウンドも含めて増やし、ダイレクトにマーケティングするという施策（CRM）を行なっていく必要があります。

佐渡は2年前から推し進めてきた計画が今花開こうとしています。暮らすように旅するという受け入れの充実には古民家の再生が動きだし、昨年から進めてきた企業研修がワーケーションを通じ、パートナーシップを組む企業との連携が広がりつつあります。ワーケーションについてはサブスクリプション（「料金を支払うことで、製品やサービスを一定期間利用することができる」形式のビジネスモデル）などの導入なども視野に入れています。さびれつつある寺社仏閣や棚田里山の保全（佐渡は世界農業遺産でもある）にはインバウンドによるボランティアツーリズムが動き出しています。またシェア自転車・GSMの導入による二次交通の整備もMaaSを絡めて進んでいますし、観光通貨であるだっちゃコインを使ったＣＲＭも軌道に乗りつつあります。近い将来両津港が顔認証や食品トレーサビリティなどのＩＴを活用したシステムを導入していくことで、観光客と島民の安全を担保し、トキが唯一生存できる環境を活かした佐渡の豊富かつ安心安全な産品を送り出すことが出来る、〝Pure Japan〟として世界に誇る日本を代表する港になることを願っています。

一般社団法人佐渡観光交流機構は今年観光庁より重点支援ＤＭＯとして選ばれ、日本の中でも注目されています。ＤＭＯが観光地経営としてやることは他の業界と比較しても変わりません。顧客を調査分析し、方針を作り、他の競合をベンチマークして、ヒトを育て、地域に利益を回し、バランスの取れたブランディングで、行政と民間事業者を繋ぎ、仲間を作って同じベクトルでスピード感をもって歩んでいけば、佐渡両津港が世界と繋がる港になると信じています。

母なる「港」とともに

長崎市長　田上 富久

「港あり　異国の船をここに招きて自由なる町を開きぬ」

これは、旧長崎県立図書館の前に置かれていた長崎学の泰斗　古賀十二郎翁の言葉です。まさに、長崎の「まち」の歴史が港から始まったことを、端的に、そして滋味豊かに表現した言葉です。

かつて、室町時代以前は、長崎は日本の最西端の寒村に過ぎませんでした。それが、深さと静穏さをあわせ持つ「入り江」があったことから、16世紀にポルトガル船のために「港」を開くことになり、それを機に海辺伝いに「まち」が生まれました。

鎖国時代には西洋との唯一の窓口となり、そこからもたらされるアジアやヨーロッパの知識、文化、事物が、祭りや食文化、医学など現在に至る独特の文化や伝統の礎をつくり、一躍、長崎を日本の最先端都市に引き上げました。そして、原爆からの復興と高度経済成長を果たす時代には、長崎港の周辺に復興と成長の主役であった企業がひしめき、そこに働く人々が、近くて安価な土地を求めて、長崎の斜面住宅地がつくられました。過去から現在にいたる長崎の「まちづくり」の根底にあったもの。それが「港」でした。

そしていま、長崎は新たな開国ともいえる時期を迎えています。それも、やはり「港」からもたらされたものでした。鎖国時代、長崎港に寄港した幾多の外国船が「クルーズ船」と姿を変え、長崎に新しい交流をもたらしているのです。

クルーズは、１８４４年のサウサンプトン発着の地中海クルーズを嚆矢として、以来、１７０年以上の歴史を有し、レジャーの一形態として世界的に定着している巨大な産業です。新型コロナが収束した暁には、抑えられてきた海外への欲求が解放され、これまで以上にクルーズの需要が喚起されることと思います。

そのときに華々しく雄飛するために、長崎港はいま、進化の時期を迎えています。

令和2年度より、長崎港のクルーズ船受け入れ岸壁である松が枝国際観光船埠頭を現在の１バースから2バースへ拡張する事業が新規採択されました。

アジアクルーズの第一級の寄港地である長崎港が、さらに規模を拡大し、より多くの訪日外国人を受け入れることが可能となるのです。

すでに長崎市には軍艦島や眼鏡橋、世界新三大夜景といった全国的に著名な観光コンテンツがありますが、これに加え、現在、長崎駅周辺部の再整備に合わせて合計６５００㎡のホールを持つＭＩＣＥ施設（出島メッセ長崎）が建設中であり、そこから歩いて10分の距離に、民間企業による約7haのサッカースタジアムの建設計画が進んでいます。中心商業地においても市街地再開発事業が進み、長崎市は、いま都心部全体が未来に向けて大きく変貌しようとしています。

そこに、新たに「港」からの賑わいが加わることとなったのです。その賑わいを都心部へと導くために、長崎市は、埠頭の背後地であり、港からの玄関口となる東山手・南山手地区（以下、山手地区）のまちづくりの取り組みを開始しています。

松が枝国際観光船埠頭は、手前にある女神大橋が水面から65mの高さを有していることから、15万トン級のクイーンメリー2が直接接岸できる日本で数少ない岸壁であり、山手地区は、そうした船が入港する際に目する最初の風景です。

そこには、大浦天主堂、旧グラバー住宅という2つの世界遺産のほか、多

鍋冠山から長崎港を望む

数の洋館、文化財が緑の中にあり、岸壁とこれほど近い位置に市街地と緑がある港は他にはないと称賛されています。

すでに、この山手地区のまちづくりのツールとして、令和2年3月に歴史的風致維持向上計画の認定を受け、山手地区を重点地区に指定しました。さっそく、地域住民を主体とした協議会を設け、「まちづくり計画」の策定を行っています。海外からのお客様という「港」からの恵みを「まち」の賑わいへと広げていくために、新たなスタートを切ったと言えるでしょう。

さて、これからが正念場です。令和3年、長崎港は開港450周年を迎えます。「港」は450年前も、今も、そして未来もまちづくりの中心にあります。埠頭の拡張事業が完成したときには、山手地区もさらに魅力ある街並みとなり、そこから「まちなか」へと至る道筋のどこにでも市民と観光客の笑顔が絶えない「まち」となるように、15万トン超級の大型客船2隻が、その威容を岸壁に並べる姿を思い描きつつ、これからも国、長崎県及び地域の皆様の協力をいただきながら全力で取り組んでまいります。

インバウンドがホントにやって来た

鳥羽市長　中村 欣一郎

２０１８年10月に外航クルーズ船「ダイヤモンド・プリンセス」が鳥羽港に初入港したのを皮切りに、令和元年度には、外航クルーズ船が８隻入港し、これまで体験したことのないような、多くの外国人観光客が鳥羽港へ降り立ちました。

本市では、客船寄港時に多言語対応可能なスタッフを観光案内ブースに配置し、まちなかへの誘導、アクティビティの紹介を行いました。また観光案内スタッフには、英語教育の一環として、地元の高校や中学の学生にも参加を呼びかけました。狙いは人材育成にあったのですが、学生による初々しい観光案内は、思いのほか乗船客や船社の評価が非常に高く、鳥羽港のアピールポイントになったようです。

クルーズ船の寄港を重ねるごとに、対応がスムーズになり、住民の外国人観光客に対する反応にも変化が起こるなど、地域の国際化が進んでいると実感しています。そこで、新たな観光資源の発掘のため、私もひとつのチャレンジを行いました。

令和元年12月８日、ある集落のバス停（私の自宅から約１００ｍにある、安楽島バス停）。小型の路線バスが、満員の乗客を乗せて到着しました。20人ほどの乗客はすべて外航クルーズ船「ダイヤモンド・プリンセス」に乗船の外国人観光客のようです。私はドキドキして彼らを迎えました。どうやら2つのグループらしく、そのうちのひとグループに私から偶然を装いながら声をかけ案内をしました。「何者だ、この男は」と思われたかもしれません。

特別な集客施設があるわけでもない半サラリーマン半漁業の集落に彼らが降り立ったには訳があります。

実は港に、あるチラシを置くよう前日に指示してありました。何のチラシかというと、この集落では春に女子美術大学の学生が地域の人との繋がりをコンセプトに創作活動を行い、集落の屋内外10ケ所にその作品がちょうど展示中でした。チラシはもともと英訳付きのマップで、それにバスの時刻表を追加で載せました。ターミナルから終点のこのバス停

鳥羽港から出港するダイヤモンド・プリンセス

まで約20分。「こんな素材で関心を持って訪れる人がいるのか?」を試してみたかったのです。

私が案内した10人は、中国系オーストラリア人の方々でした。堤防で昼寝をしている野良猫にカメラを向けたり、どの玄関にも飾ってあるしめ縄に興味を示したり、海水浴場の波打ち際ではしゃいだり、私が期待した美大生のアート作品はそっちのけで、漁村特有の狭い路地や海岸通りをわいわいガヤガヤと散策し楽しんでいただけたようでした。

道中、「こんなジャージ姿だけど、実は私はこのまちの市長なんだ」と何度も言ってもホラかジョークと思っているようで信じてもらえません。自宅へ名刺を取りに帰り、それを渡すことで、最後にやっと信じてもらえました。

再会を約束してお見送り

よーし、また今度機会があったら、あんなことこんなこと、もっとディープな鳥羽を見せてあげたい、と思った一日でした。

スマホなど、だれもが情報の発信者になることができる時代になっています。その影響からか、観光客が求めるものは、「これまでだれも体験していないこと。自分だけの特別なこと」になってきたと言われています。

観光客が求めるものが多種多様化し、これまでの物見遊山や名物観光だけではなく、特にインバウンドでは日常のありふれたものや何気ないものに興味を示されるというのがよく分かりました。伊勢鳥羽志摩には、そんな素材がごろごろ転がっています。しっかり皆で磨いていきたいと思います。

鳥羽名物「赤いハンカチ」でのお見送り

クルーズ再開 ~日本の魅力の発信~

株式会社カーニバル・ジャパン代表取締役社長　堀川　悟

本年2月、客船「ダイヤモンド・プリンセス」は日本の人々の記憶に深く残る船名となりました。今から数ヶ月前の出来事ではありますが、当時の状況は昨日のように思い出します。

終息に向けて多大なるご支援をいただいた国土交通省、厚生労働省、環境省、外務省、防衛省を含む日本政府各省庁と横浜港、並びにご協力・ご寄付を賜りました全ての方へ心より感謝申し上げます。

弊社は、北米に本社を置くカーニバル・コーポレーション&plcの傘下プリンセス・クルーズのマーケティング及び販売の日本法人です。1972年に創設者のテッド・アリソンがカーニバル・クルーズ・ラインを創業してから、80年~90年代にかけてコスタクルーズ、ホーランド・アメリカ・ライン、キュナード・ライン等の船社を次々と買収し、2003年にはP&Oプリンセス・クルーズと合併、現在は10ブランドを傘下に持つ米国三大クルーズラインの一社へと発展しました。グループ全体ではカジュアル船からラグジュアリー船まで約100隻の客船を保有・運航しています。

プリンセス・クルーズは1965年に創業し、現在18隻のプレミアム・クラス客船を運航しています。世界380以上の港へ寄港し、毎年約200万人のお客様に船旅をお楽しみいただいています。その中でも非常に重要なマーケットとして日本があります。2013年から日本での定期的な運航を目指して客船を配船し、今では日本を基点に運航する外国客船として最大規模の運送人数を誇ります。

日本への通年配船に至った経緯としては、日本のクルーズ人口が増加傾向にあったことだけでなく、観光資源に富むデスティネーションであると注目されたためです。その当時から現在もなお、日本の魅力は世界に発信され続けています。例えば、本年6月に日本政府系金融機関がインターネットを通じて米国、フランス、中国、韓国を含む12カ国の地域住民へ新型コロナ終息後の旅行意識について調査したところ、最も人気のある旅行先として日本が1位(1)に選ばれ、観光地、食事、清潔さが魅力に感じる点として挙げられました。

弊社では「記憶に残るクルーズ体験を通じて日本をひとつに繋ぐこと」を指針に掲げ、乗船されるお客様に今までに無い体験をしていただくと同時に、各寄港地への経済効果を生む役割を担うことをミッションとしています。客船「ダイヤモンド・プリンセス」は2019年、41本の日本発着クルーズを実施し、約4割が北米、イギリス、オーストラリアを中心とした外国からのお客様でした。百聞は一見にしかずという言葉の通り、外国のお客様は日本でしか得られない文化体験を目的に日本を訪れます。プリンセス・クルーズは「ローカル・コネクション」という寄港地観光プログラムを２０１９年に日本で開始し、国土交通省の協力を得て、お客様がその地域でしか味わえない食や芸術、文化などに直に触れ、本物を体験できるツアーを提供しています。各地の有名シェフ、飲料メーカー、芸術家や職人と提携し、日本全国21の港で30本のツアーを実施し、日本という国をより知っていただける機会を提供できたのではないかと思っています。

船旅の利点はさまざまな観光地を効率よく巡ることができることです。例えば、横浜を出発した翌日に岩手に寄港し、その翌日には青森や秋田へ、そして日本海を航行し九州や韓国を経て横浜へ10日間で戻ってくることができます。全国６～７の観光地を一度の旅で満喫でき、また船内ではショーをはじめとするエンターテイメントや食事を堪能することもできます。国籍を問わず老若男女のお客様にも楽しめるような夏祭りを巡る企画や花火大会観覧、桜や紅葉観賞など、日本は四季を通して楽しめる観光地に富んでいますのでクルーズを企画する上でとても有利です。コロナ禍ではこれらのイベントを全て中止せざるを得なくなってしまったことが本当に残念でなりません。

ダイヤモンド・プリンセス

新型コロナウイルスの影響で、クルーズ需要が２０１９年と同レベルに戻るまでには相当の時間を要すると予想されています。各船社が関係機関と連携し安全策を検討している段階ですが、前提として、寄港する地域の支えと理解がなければクルーズ再開は非常に難しくなります。２月の「ダイヤモンド・プリンセス」での教訓より、有事の際には本船の努力に加え、港や地方自治体との連携は必要不可欠であると改めて実感しました。欧州では徐々にクルーズが再開してきたことから、安全プロトコルやオペレーション面で学べることは多々あると思います。また、当時よりもウイルス研究が進み少しずつ特性が分かりつつあります。しかし、完全に遮断することは難しいため、同じ状況が繰り返されないよう事前準備を徹底し、船内で発生させない、感染者を拡大させないための努力と信頼性のあるマニュアルを確立し、着実に運用することは必須です。

将来クルーズ再開が実現し、全てのお客様や関係者が安全に安心して船旅を楽しんでいただけるよう、これからも日本政府や業界関係者と対策の検討に取り組んでまいります。長い年月をかけて育まれた日本独自の文化や環境、そしてサービス精神に富んだ国民性は日本の大切な財産です。今後も私たちはクルーズを通して日本の魅力をより多くの方へお届けできるよう努めてまいります。

（1）２０２０年8月18日　ＮＨＫ「新型コロナ終息後の旅行 行き先の人気 日本が1位」
https://www3.nhk.or.jp/news/html/20200818/k10012572431000.html

2025年大阪・関西万博の成功と海路を活用した西日本の魅力向上

公益社団法人関西経済連合会 会長／同連合会万博特別委員会 委員長　松本 正義

《「みなと」に関する関経連の活動》

関西経済連合会（関経連）では、関西経済の発展に向けた様々な活動の一環として、関西における陸・海・空の広域交通・物流ネットワークの整備・強化や、夢洲のまちづくりに関する提案などを行っています。

また、２００５年に関西の産学官で設立され、私が本部長を務める「国際物流戦略チーム」では、阪神港の活用等を図りつつ国際物流の効率化を通じた関西経済の活性化をめざして中長期的な視点で活動しております。

《２０２５年大阪・関西万博の成功に向けて》

さて、この数年、関西経済はインバウンドの拡大を背景に堅調に成長を続けてきました。新型コロナウイルスの感染拡大により、関西経済も観光業やサービス業等を中心に大きな打撃を受けましたが、コロナの影響は一時的なものであり、中長期的には需要は回復してくると期待しています。

将来に目を向けますと、関西ではワールドマスターズゲームズ２０２１関西などの国際的なビッグイベントや、ＩＲ、うめきたのまちびらき等のビッグプロジェクトが目白押しとなっています。これらを起爆剤とすることで、関西ひいては日本全国に活力をもたらし、経済を引き上げていくチャンスが到来しています。

その中で、最も大きな目玉が２０２５年大阪・関西万博の開催です。大阪・関西万博は、「いのち輝く未来社会のデザイン」をメインテーマとして、大阪港の夢洲にて開催が予定されています。大阪ベイエリアの開発については、大きなポテンシャルがあると考えられながらも、長年の課題となっておりました。２０２５年万博はその推進に弾みをつける千載一遇のチャンスだと思っています。

また、万博の開催は、大阪港を中心とした海路に加え、関西国際空港、伊丹空港、神戸空港の各空港や高速道路等の大阪湾を取り囲む陸海空のインフラが有機的に連携し、人流・物流を活発化させる契機となります。

一方、大阪・関西万博は総来場者数が約２８００万人と試算されており、このような臨海部での大規模なイベントの開催に当たっては、来場者が安心安全に来訪できる環境づくりが重要であり、ハード・ソフト両面での対策が不可欠です。

ハード面に関しては、OsakaMetro中央線の夢洲までの延伸のほか、新大阪や梅田から夢洲までのアクセスが容易となる淀川左岸線（２期）の整備、此花・夢舞大橋や島内の幹線道路の拡幅、夢洲北岸の桟橋の整備など、様々なインフラ整備が進行しており、万博開催に向けて遅れることなく進めていく必要があります。加えて、周辺鉄道のピーク交通量抑制や高速道路の混雑緩和のための車両誘導など、ソフト面での対策についても着実に準備を進めていかなくてはなりません。

また、夢洲には、大阪港のコンテナ取扱量の約４割を占めるコンテナターミナルが立地しています。万博開催に当たっては、物流機能の咲洲への一時移転やＩＴを活用した物流オペレーションの改善などの対応策が検討されていますが、人流と物流ができるだけ輻輳しないよう最善の策を講じて、ナショナルイベントである万博を成功させたいと思っております。

《大阪ベイエリアの活性化と西日本の広域連携強化》

万博会場となる夢洲では、統合型リゾート、いわゆるＩＲの開業も見込まれています。カジノなどの大きな集客力を持つ施設が一体的に形成され、またＭＩＣＥの積極的な誘致などにより、夢洲が関西・西日本の要となる国際観光拠点に成長することが期待されます。

こうしたプロジェクトを含めた大阪ベイエリアの活性化が、人流・物流の拡大効果を関西だけでなく西日本全体に広げていくため、関係者が広域的な連携の強化に取り組んでいく起爆剤になると思います。

歴史的に西日本は瀬戸内海を通じて人・物の往来が活発に行われている地域でした。今日、関西には多くのインバウンド客が訪れており、また瀬戸内海には世界的に有名な観光資源が数多く存在し、九州にもクルーズ船などを通じて多くのインバウンド客が訪れております。これまではそれらを繋ぐという発想をあまり持つことができていませんでしたが、万博とそれに続くＩＲの整備は、瀬戸内海とそれを取り囲む豊かな観光資源に恵まれた地域が一体的に魅力を提供することを目指す絶好の機会だと思います。

北陸・中部以西の６つの経済連合会（北陸・中部・関西・中国・四国・九州）は西日本経済協議会という枠組みを形成し、50年を超えて共同提言活動などを行って来ました。今後こうした枠組みを生かしながら、海路を有効活用した広域連携を進め、西日本の魅力について発信し、アピールしていきたいと思っております。

今後も関経連は、国や関係自治体等と連携しながら、みなとの発展を含めた関西・西日本の発展に貢献してまいる所存です。関係者の皆様には、当会の活動に引き続きのご理解、ご支援を賜りますようお願い申し上げます。

賑わいと国際感あふれる港づくり

清水港客船誘致委員会 会長　望月　薫

《1990年、全国に先駆け客船誘致組織を設立～物流の港に〝華〟を！～》

清水港客船誘致委員会（以下「誘致委員会」）は、全国に先駆け30年前の1999年4月に設立しました。契機となったのは、その年の2月23日、清水港へ初めて入港した豪華客船クイーン・エリザベスⅡです。それまで清水港は産業の港としてどことなく殺伐とした作業場でしたが、世界で最も有名な客船を一目見ようと、当日は悪天候の中6万人もの人たちが岸壁に詰めかけ、その光景には凄いパワーとエネルギーを感じました。

客船は港の華であり日常のように寄港するようになれば、賑わいや国際感あふれる港づくりができる、その思い一心で官民連携による誘致委員会を立ち上げました。現在では全国各地の港に誘致組織がありますが、30年前に全国に先駆けて設立したことは、先見の明があったと感慨深いものがあります。

《2002年、外国客船の寄港定着の始まり～客船誘致と歓迎事業～》

誘致委員会設立後、客船の誘致は国内外の船会社に対して粘り強く行いましたが、海外の船会社には、清水港の場所などわかる訳もなく、反応は非常に厳しいものでした。１９９９年からは海外の船会社へ直接出向き、清水港の魅力をプレゼンし寄港要請を行ってきました。この誘致活動が功を奏し、５年がかりで２００２年にクリスタル・シンフォニーの寄港が実現しました。この時の寄港では、市民有志による心のこもったおもてなしが、船会社から大変な好評価をいただきました。２００３年にはクリスタル・ハーモニー、クリスタル・セレニティの寄港が実現するなど、以降の外国客船の寄港定着につながっています。

《２０１３年、富士山世界遺産と寄港地観光 ～クルーズ振興の目指すもの～》

清水港への外国客船の寄港が好転するのが、２０１３年の富士山世界文化遺産登録です。駿河湾に入ると目の前に雄大な富士山が現れる、他の港にはない絶景を望むとともに、ガントリークレーンや倉庫などの港の施設が、ホワイトとアクアブルーで統一された美しい港湾景観は、外国の船乗りからも世界№１と絶賛されています。

これにより２０１２年度には5隻だった外国客船は、２０２０年度には過去最高の70隻もの寄港が予定されるようになりました。これを契機として、誘致委員会では新たな取り組みを始めています。それは、クルーズ振興の本来の目的である、客船寄港による経済波及効果をより一層高めようというものです。そのため、誘致委員会活動に観光の関係団体に加わっていただき、魅力ある寄港地観光メニューづくりに取り組んでいます。また、地元への回遊性向上対策として、官民連携による周遊プランや体験企画などのモデルコースを作り、実際に乗船客に参加していただくトライアルを繰り返しながら、事業化に向けた検証も行っています。

現在、清水港で進められている発着港としての整備が進めば、富士山静岡空港や中部横断自動車道の活用により、フライ&クルーズが盛んになる可能性も秘めており、ポテンシャルは高い港であると言えます。

《2020年、誘致委員会設立30周年と未来の清水港 ～次世代へ紡ぐ～》

2020年は、誘致委員会設立30周年の記念すべき年でしたが、コロナ禍

2019.12.14 ダイヤモンド・プリンセス

により世界のクルーズがストップし、清水港でも寄港中止が相次ぎ、再開の見通しが立っていません。しかし、過熱気味だった全国のクルーズ振興事業について考え直す良い機会であるかもしれません。コロナ禍以前は、外国客船はインバウンドとして寄港回数が指標となり、誘致合戦を始め自治体からの多額の公費を投入した行政サービスも行われるようになりました。今後は、如何に公費投入を抑え、インバウンド消費に結びつけるかが重要ではないかと考えます。

船会社も、withコロナを意識した、今までとは違うより進化した新しいクルージングスタイルを目指すことになると思いますし、受入側の港でも、市民の安全・安心と乗船客の満足度向上を考えるとともに、客船の寄港により、まちが潤うための新しいクルーズ振興策を考えていかなければならないと思います。

昨年の清水港は、外国客船の寄港が日常化し、賑わいや異国情緒あふれる港の風景がありましたが、今やどことなく寂しさが漂っています。あの風景を取り戻すために、誘致委員会としても、市民が真に外国客船を受け入れられるクルーズ文化を根付かせるよう、後世に紡いでいきたいと思います。

20年後の清水港は、国際海洋文化都市として、その自然美と人工美が調和した美しい港まちが世界のクルーズ客を魅了していることでしょう。

7つのメッセージ

第4章

「SDGs」

多様性のある持続可能な社会を造る!

港と環境

放送大学学長　來生　新

《はじめに》

新型コロナウイルスの突然の蔓延が世界を脅かし始めて、半年強が経過しようとしています。全く未知の存在であるウイルスに対して、当初の絶対的恐怖を前提とする対応から、現在は、ある程度その実態が解明されつつある脅威としてこれをとらえ、一方で適切な蔓延防止策を講じつつ、他方で経済活動とのバランスをとるというものに変化しています。人類と新型コロナウイルスが互いに相いれない、敵対的関係にあるという当初の認識が、ウィズ・コロナという言葉に象徴されるように、人類とウイルスの共存のための適切なバランスのとり方を模索する、という発想に転換したといえます。

港と環境の問題も、ある意味で、上記のような関係に類似した関係だと言えます。様々な経済活動の基盤としての港湾は、社会環境の変化、技術の進歩に対応して、常に既存の状態を変化させ、新たな社会的ニーズに応えるための港湾開発を必要としています。他方で、港湾の開発は、既存の沿岸域環境に何らかの変化を生じさせるものですから、新たな開発と環境の保全のバランスをどうとるかという発想を欠くことができません。

港湾開発ではなくとも、港湾そのものが、船舶による海上輸送と陸上輸送の連結であることから、船舶からの排出による大気と水質の汚染、港湾運送における排出からの大気・水質の汚染という問題を抱えています。港湾の活発な利用と地域及び地球環境保全のバランスをどうとるか、という発想も欠くことができません。

私たちの社会に「環境保全の重要性」という価値観が定着した20世紀後半以降の港湾の歴史は、まさに上記のような、利用・開発と環境保全のバランスをいかにとるかという課題を抱えて変遷してきました。21世紀になり、経済活動がますますグローバル化し、世界各国の経済的なつながりが緊密化すればするほど、大量の物資を低コストで輸送する船舶輸送の重要性は増し、それと同様に、海と陸との接点である港湾の利用・開発と環境保全のバランスの重要性も増してきました。

本稿は、ポスト・コロナを見据えた港湾の利用と環境保全のバランスのあり方について、日本を元気にするために考えるべきポイントを整理するものです。

《1 港湾と地域の社会的環境》

それぞれの港は後背地に地域の経済活動の中心となる都市を形成します。横浜や神戸に代表される「港町」は、言葉自体がエキゾチックな雰囲気を持ち、多様な人とモノと文化の交流と融合の場を意味する一つの文化的・社会的環境を形成します。

残念なことに、今回の新型コロナウイルスの蔓延は、アジアでも定着しつつあったクルーズ船による旅行需要を大きく減ぜざるを得ません。この先の経済活動の停滞が観光産業に大きな影響を及ぼすことは避けられないでしょう。しかし、数年先には各国は経済の停滞を克服し、人々が再びクルーズ船による優雅な旅行の魅力にひかれる時代が必ず復活します。

それまでの期間を生かしてなすべきことは何でしょうか。一つは船舶という閉鎖された構造物空間における感染症の予防、発生時の対策等についての技術やノウハウを開発し、船舶へ実装することです。多くの港では最近のクルーズ需要の増大に伴う港湾開発をすでに行っており、巨額の社会的投資がなされています。個々の船会社がクルーズ需要の激減の中で将来に向けての対応に十分な資金を回すことができないとすれば、これまでの巨額の投資を無にしないためにも、社会全体でその課題に取り組む公共的な関与が必要になると考えます。

また、人々の交流が再度活発化するまでの期間を利用して、個々の港がそれぞれの魅力をより高める努力を着実に行うことが、港湾の世界的競争に打ち勝つ原動力になります。幸いにして、世界中の人々が日本の最新技術に支えられた先進性と長い歴史性、清潔さには依然として大きな魅力を感じています。この魅力をより大きくするために、各地域の多様な主体が共同して、地域資源を改善・活用するための知恵を出し、活動をする連携を強化しなければなりません。いまだに各地に多く残っている放置艇対策を合理的に進め、見た目に整然として心地よく、安全な港湾空間を形成することは、今でも着実な取り組みが可能なことです。

多様な主体の共同の例が、東京湾の官民連携フォーラムをはじめとして、各地で増加しつつあります。その活動を地域間のネットワーク、国際的なネットワークに乗せて、広く世界に発信し続けることが重要になります。沿岸域「管理」の総合だけではなく、環境保全のための多様な主体による「意思決定と活動の総合化」が必要になると考えます。

このような活動は、インバウンド需要のためだけではなく、それぞれの港町において、地域住民の賑わいの場となる美しい港を作るという意味でも大事なものです。港湾の持つ広大な空間を、市民が生活をエンジョイするために積極的に開放し、そのための環境形成をすることが、ポスト・コロナの時代に向けて重要となります。

さまざまな海洋性レクリエーションの振興を図り、規制の緩和を一層進めて、水際線を中心とする沿岸域での新たな発想の経済活動に民間の資金やノウハウを導入すること、このような新たな試みを通じて、日本が真の海洋国家となるための次世代教育を充実させること等々、ここでも多様な主体の新たな社会的連携の形成が重要になります。

《2　港湾と地域の海洋環境、地球環境問題の改善への貢献》

港の良好な社会的環境を形成する基礎となるのが、港湾における水質・大気、干潟等の浅場といった自然環境です。過去の開発によって劣化、喪失した環境の再生や創出が重要な課題となります。生物共生型港湾構造物導入、干潟・浅場の造成等、浚渫土砂や建設発生土等のリサイクル材の有効活用、浮流油や浮遊ごみの回収作業の更なる効率化及び回収能力の向上等々、取り組むべき課題は多岐にわたります。

このような課題の解決に向けても、行政主体単独の力には限界があり、モニタリングや地域の海洋環境に関する合意形成等に、多様な主体の連携が重要な役割を果たします。東京湾再生官民連携フォーラムの活動がきっかけとなり、東京湾では浚渫土砂の活用で浅場造成をし、漁業に役立てる取り組みも行われています。

港湾活動に伴う二酸化炭素の排出を減少させることは、地球温暖化防止に重要な貢献をします。民間の努力にインセンティブを与えるための公的な支援の工夫と、着実な施策の実現がますます需要となります。

日本でも、港湾区域での洋上風力発電の促進がきっかけとなり、一般海域におけるウィンドファームが実現しつつあります。今後30年以上にわたる自然再生エネルギーの活用を通じた日本社会の構造転換のためにも、洋上風力発電の拡大は大きな社会的意義を持ちます。一般海域における大規模なウィンドファーム建設のための基地港の適切な配置と、その効率的な運用が、今後の日本社会活性化のカギとなります。

また、陸上での活動から生ずる廃棄物処理の空間としても、静脈物流の効率化の拠点としても、港湾が今後果たすべき役割に期待されるところは大です。循環資源の潜在需要を発掘すること、その利用者と排出者のマッチングをすることが重要な課題となります。ここでも、官と民の新たな協力の体制を積極的に構築することが必要となります。

日本社会に残された廃棄物処理のための貴重な空間として、港湾や海域の特性を踏まえ、リサイクル材の適切な利用を促進することによって、海洋環境を悪化させることなく新たな土地を造成し、それを良好な港湾環境形成のために積極的に利用することが必要です。

良好な港湾環境の形成は、港湾が受け身で行うものではなく、今日の社会における自らの存在意義をより大きなものにする、積極的な投資としての意味を持つことを強調して、本稿を閉じます。

エネルギーとみなとのつながりの未来形

国際大学大学院 国際経営学研究科 教授
橘川 武郎

地球温暖化対策を進めることは、容易ではありません。深刻な二律背反が存在するからです。

現在、人類が直面する最大の危機は、何でしょうか。それは、残念ながら、今もって、貧困と飢餓です。国際連合（国連）の２０１８年版「世界の食料安全保障と栄養の現状」報告書によれば、世界の飢餓人口の増加は続いており、17年には8億２１００万人、つまり世界人口のほぼ９人に１人が飢えに苦しんでいます。貧困と飢餓を克服するためには「豊かさ」が必要であり、「豊かさ」の実現は、多くの場合、化石燃料の消費の拡大をともないます。世界の未電化人口が17年時点で9億９２００万人に達していることを考え合わせると、人類全体が電気のメリットを享受できるようにするためには、石炭や天然ガスの使用量は増加せざるをえません。

一方、人類が直面する2番目の危機は、地球温暖化です。15年に開催されたＣＯＰ21（第21回気候変動枠組条約締約国会議）でパリ協定が採択されましたが、同協定は、世界的な平均気温上昇を産業革命以前に比べて２℃より低く保つこと、さらには１・５℃に抑える努力を重ねることを規定しました。

地球温暖化対策を有効に進めるためには、温室効果ガスの中心となる二酸化炭素（CO_2）を排出する化石燃料の使用を抑制する必要があります。つまり、人類最大の危機である貧困・飢餓への対策（化石燃料の使用拡大）と、人類第2の危機である地球温暖化への対策（化石燃料の使用抑制）とが、原理的に矛盾するわけです。現在を生きるわれわれは、深刻な二律背反に直面していることになります。

最近街で、円を17分割したカラフルなバッジを付けた人をよく見かけます。15年の国連サミットで採択された17項目の持続可能な開発目標（ＳＤＧｓ：Sustainable Development Goals）を象ったバッジです。

通常、ＳＤＧｓは、第13項目（「気候変動に具体的な対策を」）に重きを置いて理解され、地球温暖化対策が中心的な内容だと思われがちです。しかし、第1項目は「貧困をなくそう」であり、第2項目は「飢餓をゼロに」なのです。第13項目の達成のためには化石燃料の使用抑制が求められ、第1・2項目の実現のためには化石燃料の使用拡大が不可避となります。ＳＤＧｓもまた、二律背反に陥っているのです。

そのことを端的に示すのは、第7項目の「エネルギーをみんなにそしてクリーンに」です。エネルギーをみんなに届けるためには、化石燃料の使用を増やさざるをえません。しかし、エネルギーをクリーンにするためには、化石燃料の使用を抑えなければならないのです。第7項目は、それ自体が二律背反を内包しているのです。

人類が直面する二律背反を解決する手立ては、存在するのでしょうか。真に解決することにはならないかもしれませんが、少なくとも全力をあげて取り組むべき方策が2つあります。

1つは、省エネルギー（省エネ）です。省エネとは、「なるべく少ないエネルギー消費で豊かさを実現すること」と定義づけることができます。

もう1つは、CO_2をあまり排出しない、あるいはまったく排出しないエネルギー源を使用することです。化石燃料のなかでCO_2をあまり排出しないのは、天然ガスです。発熱量当たりのCO_2排出係数は、一般炭が90・6、C重油が71・5、LNG（液化天然ガス）が49・5となります（単位はkg-CO_2／ギガジュール）。一方、水素は、使用時には、CO_2を排出しません。

これら2つの方策のうち後者の「CO_2をあまり排出しない、あるいはまったく排出しないエネルギー源を使用すること」は、みなとの未来の姿と深くかかわっています。その点を確認するため、以下では、①C重油の代りにLNGを船舶用燃料として使うLNGバンカリングと、②CCS（CO_2回収貯留）等と結合したCO_2フリー水素の輸入とに、目を向けることにしましょう。

2017年8月、ベルギーのジーブルージュ港で、LNG燃料バンカリング埠頭を見学したことがあります。ジーブルージュ港では、Gas4Sea（日本郵船・三菱商事・エンジー［ENGIE］による舶用ＬＮＧ燃料供給ブランド）が運航するＬＮＧ燃料供給船（Engie Zeebrugge）を、近くから望むことができました。同船は時折、日本郵船が１００％出資するＩＣＯ（International Car Operators）社の自動車運搬船用荷役埠頭に停泊しているとのことでした。ＬＮＧ燃料で動く一般商船に横付けして、シップ・トゥー・シップ方式で荷役すると同時に、ＬＮＧ燃料をその一般商船に充填することができる優れものです。

世界的には、ＩＭＯ（国際海事機関）が船用燃料の硫黄酸化物（ＳＯｘ）濃度の上限値を３・５％以下から０・５％以下へ改める措置を20年に導入しましたが、北海・バルト海域では、15年からそれよりずっと厳しいＳＯｘ０・１％以下の排出規制が適用されていました。ＬＮＧには、ＳＯｘが全く含まれていません。これらの事情を考慮に入れれば、Gas4Seaがジーブルージュで始めた北海・バルト海域用自動車運搬専用船に対するＬＮＧバンカリング事業の重要性が明瞭になります。Gas4Seaがジーブルージュを事業地に選んだのは、ヨーロッパにおける自動車運搬専用船のハブであることに加えて、ＬＮＧターミナルが存在し燃料が入手しやすい場所だからです。

今後、ＩＭＯは、船舶用燃料について、ＳＯｘ規制のみにとどまらず、CO_2排出規制も導入する可能性が大いにあります。そうなれば、すでに始まっているＬＮＧバンカリングへの流れが、加速されることは間違いありません。

日本でも20年５月、国内初のＬＮＧバンカリング船（総トン数４１００トン）が川崎重工業坂出工場（香川県）で進水し、同年9月には川崎汽船・ＪＥＲＡ・豊田通商・日本郵船の4社が、ＪＥＲＡ・川越火力発電所（三重県）を拠点として、中部地区のみなとでのシップ・トゥー・シップ方式による船舶向けＬＮＧ燃料供給を開始しました。ヨーロッパと比べて日本には、たくさんのＬＮＧターミナルが存在します。そして、それらのほとんどは、港湾の近くに立地しています。ＬＮＧバンカリングは、わが国におけるエネルギーとみなとの新たなつながりを象徴するものです。

Ｃ重油に代えてＬＮＧを船舶用燃料として使用すれば、CO_2の排出量を減らすことができます。ただし、それでも、CO_2が排出されること自体には変りがありません。これに対して、水素には、燃料として使用してもCO_2を排出しないという特徴があります。ただし、水素の製造時にCO_2を排出しては、意味がなくなります。製造過程でCO_2を排出しない「CO_2フリー水素」を確保することが、重要になります。

川崎重工業やJ-POWERが事業化をめざしている褐炭由来のCO_2フリー水素チェーンのプロジェクトは、その具体的な事例の1つです。褐炭由来のCO_2フリー水素チェーンとは、オーストラリアのビクトリア州で褐炭ガス化水素製造装置を稼働させ、現地でＣＣＳを行うとともに、積荷基地から水素を液化して専用の水素輸送船で日本の揚荷基地に運搬し、わが国において水素発電、水素自動車などの形で活用しようとするものです。この水素チェーンが実現すれば、ＣＣＳの本格的実施と水素利用の活発化によって、地球環境の維持に大きく貢献することになりますが、効果はそれだけにとどまりません。オーストラリアにとっては（とくに同国内のニューサウスウェールズ州やクイーンズランド州に比べて高品位炭に恵まれていないビクトリア州にとっては）、褐炭ガス化水素製造装置から副生されるアンモニアや尿素を活用して化学工業や肥料製造業を振興させることができれば、念願の褐炭（低品位炭）の有効利用を達成することができます。一方、日本にとっては、「2国間クレジット制度」（ある国が別の国と協力して温室効果ガスの削減に取り組み、削減の成果を両国で分け合う制度です。この制度によれば、日本から発展途上国等へ低炭素化に資する技術・製品・システム・サービス・インフラなどを移転して温室効果ガス排出量の削減を実現した場合、わが国の貢献分を定量的に評価して、それを日本の削減目標の達成に活用することができます）を拡張した方式で、CCSに協力し国内で水素発電を行う事業者には、同時に最新鋭石炭火力発電所の新増設をある程度認めるというシステムを導入するならば、日本経済にとって大きな脅威となりうる発電用燃料コストの膨脹を抑制することができます。このように褐炭由来CO_2フリー水素チェーンの構築は、二重三重に有意義なプロジェクトなのです。

このほかにも様々な方式でCO_2フリー水素チェーンの構築は可能ですが、いずれの場合にも、日本側の受入れ地は港湾になります。CO_2フリー水素の輸入は、もう1つの「エネルギーとみなととのつながりの未来形」なのです。

三河湾と三河港の新しい関係

大阪大学 工学研究科 地球総合工学専攻 教授　青木 伸一

２０２０年1月に三河港の港湾計画改定のための検討委員会がスタートしました。前回の港湾計画策定の際には、筆者（当時豊橋技術科学大学に在職）は地元の意見を取りまとめるための幹事会の座長を務めましたが、大変難航しました。第1回の検討委員会は２００４年に開催されたのですが、最終的に港湾計画書が発行されたのは２０１１年でしたので、実に7年もの歳月を費やしたことになります。港湾計画の策定がスムーズに進まなかった原因は、環境保全側（漁業者や市民団体）と開発側（産業界や地元自治体）との合意形成が難しかったためです。当時、三河港の取扱貨物量は自動車の輸出入を中心に伸びており、港湾機能の拡充が強く望まれていました。一方、三河湾の水質悪化がますます深刻になっており、夏季になると赤潮が頻繁に発生し、底層の水は無酸素化するような状況で、苦潮（青潮）によるアサリの大量斃死も度々発生していました。そして、その環境悪化の原因を作ったのが三河港の開発とされていました。港湾用地の拡張のために河口干潟や浅場を埋め立てたことが、三河湾の富栄養化や貧酸素化を招いたことが研究者によって明らかにされ、半ば常識化していました。筆者も貧酸素水塊の挙動に興味を持ち、

2010年ごろから学生とともに港湾域を含めた湾奥の水質の観測を始めました(1)。図1は定点観測の観測点を示したものです。図2は、2011年8月1日の観測結果を用いて、図1のA点から港の奥の№19の測点までのライン上で酸素濃度の分布をコンター図で描いたものですが、港内では表層付近まで酸素濃度が低く、港は大量の貧酸素水塊を抱えていたことがわかります。図3は、2011年夏に行った13回の栄養塩濃度の観測結果から、毎回のリンの濃度を平均してその分布を示したものですが、№14—19に当たる港内の点では、表層も底層もリンが高濃度となっていたことがわかります。

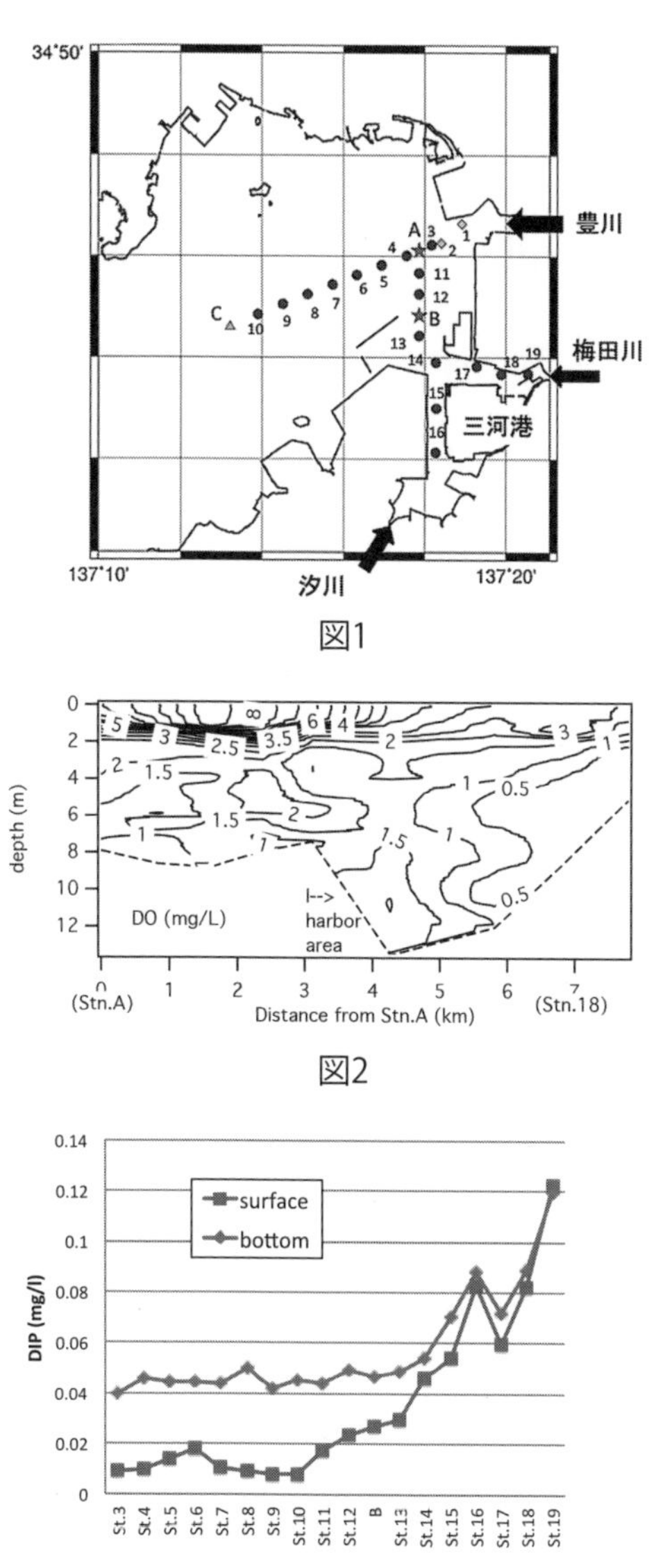

図1

図2

図3

このように、夏季の三河港内は高濃度の栄養塩を含む貧酸素水塊で満たされており、前回の港湾計画策定時には、港は三河湾の環境悪化の元凶とされていました。しかし、それから10年の間に、三河湾の環境の見方が大きく変わりました。他の内湾に比べて漁獲量を維持していた三河湾でも、ここ数年でアサリが急に不漁になるなど、漁業者は水産資源の急激な減少に非常に危機感を募らせています。しかもその要因が冬季の貧栄養による餌不足であるらしいことが次第に明らかになってきています。三河湾を豊かな海として維持するためには、栄養塩濃度を適切なレベルに保っておくことが必要で、これ以上低濃度にすると水産資源に大きなダメージを与えてしまうことがわかってきました。数年前までは、三河湾では富栄養化と貧酸素化が最大の問題であり、これらを解消するためには、流入負荷の削減や干潟や浅場を再生することが環境改善につながると信じられていましたが、自然はそれほど単純ではなかったようです。生物にとって「餌」の問題は根源的な問題であり、行きすぎた海の浄化は生態系に致命的な打撃を与えることになりかねないことがわかってきたわけです。ともすれば環境改善は「場」を改善することと考えがちですが、「場」と「餌」がそろって初めて豊かな海が実現するということを、改めて認識させられています。すなわち、ここ数年で、環境問題の捉え方が、富栄養の問題から貧栄養の問題に大きく転換してしまったのです。改めて図3を見ると、港湾域には多量の栄養が存在することがわかりますが、今ではこの有効利用についての議論もなされるまでになりました。干潟や浅場の重要性は変わりませんが、海の見方が180度変わったと言っても過言ではありません。

以上のように、三河湾の環境問題の捉え方は、近年大きく変化しました。そして、変わらないのは、その中心に三河港があるということです。港湾計画の策定段階で難航したのも、いま考えてみれば、三河湾にはそれだけ重要な水産資源や守るべき場が存在していたことを意味しており、豊かな海であるからこそ環境保全と開発の対立が生じたということに気付きます。港の開発に環境問題が伴うというのは、ある意味健全な状態であると言えるでしょう。三河湾や三河港の未来について考えるとき、いろいろな摩擦はあっても、きっといい関係が築けるであろうと思う理由がいくつかあります。一つは、そこに漁業者の生業があり、環境意識の高い漁業者が多いこと、もう一つは、国や県による長年のモニタリングデータの蓄積や環境改善の取り組みがあることです。特に近年のアサリ資源に関する調査では、港湾部局と河川部局の連携も進み、新しい知見がいくつも得られています。長年にわたって開発と環境保全で議論を続けてきた三河湾と三河港が、未来の内湾域の姿を描き出してくれるものと信じています。

参考文献

（1）田中康平・青木伸一・Ernawaty Rasul・井上隆信（2012）：三河湾奥での貧酸素水塊の発達特性と港湾域の影響について、土木学会論文集B2（海岸工学）、Vol. 68, No. 2, pp. I_1046– I_1050.

ジャパンブルーエコノミー技術研究組合(JBE)

JBE理事長(港湾空港技術研究所 沿岸環境研究グループ長) 桑江 朝比呂

《ジャパンブルーエコノミー技術研究組合(JBE)の設立》

国土交通省港湾局の多大なるご協力を得て、2020年7月に国土交通大臣認可法人を設立させていただきました(図1)。我が国初となる、ブルーカーボンをはじめとする海洋の活用による気候変動対策に関する試験研究等を実施する「ジャパンブルーエコノミー技術研究組合」(Japan Blue Economy association, JBE)です。

《JBE設立の背景》

海洋生物によって大気中のCO_2が取り込まれ、海洋中に貯留された炭素のことを、2009年に国連環境計画(UNEP)は「ブルーカーボン」と名付けました。森林と比較し海洋

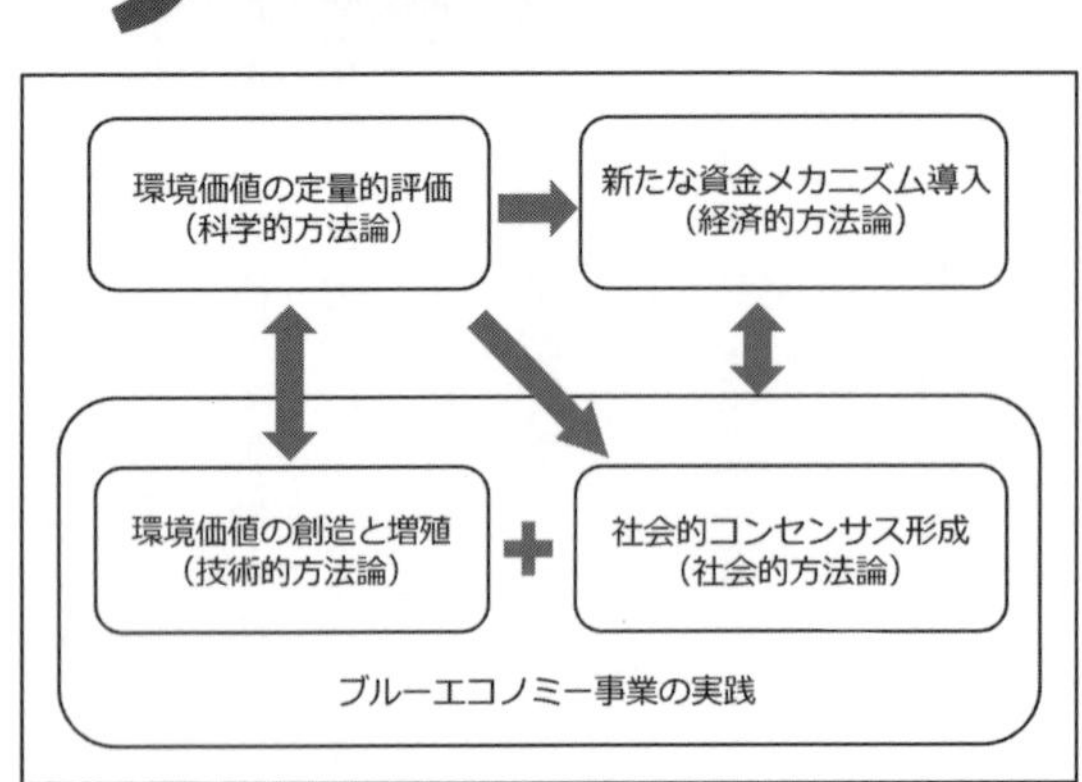

図1 国土交通大臣認可「ジャパンブルーエコノミー技術研究組合(Japan Blue Economy association)」のロゴと、研究開発内容。

が炭素貯蔵庫として特に優れている点は、海底泥中に貯留された炭素（ブルーカーボン）が数千年にわたって分解されないことです。つまり、吸収されたCO_2が大気中に戻らないようにする仕組みが、海洋では有効に機能しています。

海草藻場、塩性湿地、そしてマングローブの3つの生態系が、ブルーカーボンの貯留能力の高い「ブルーカーボン生態系」としてＵＮＥＰの報告書で紹介されました。近年、新たに「海藻藻場」のポテンシャルの高さが解明されつつあり、新たなブルーカーボン生態系として、国内外で調査研究や認証への検討が進められています。

令和元年度より国交省が事務局、農水省、環境省、水産庁がオブザーバーとなった検討会が設置されました。そこでは、我が国の地球温暖化対策計画にブルーカーボン生態系を吸収源として定めるとともに、温室効果ガスインベントリへの算定やパリ協定のＮＤＣ（自国が決定する貢献）と呼ばれる削減目標への組み入れを目的とした検討がされています。

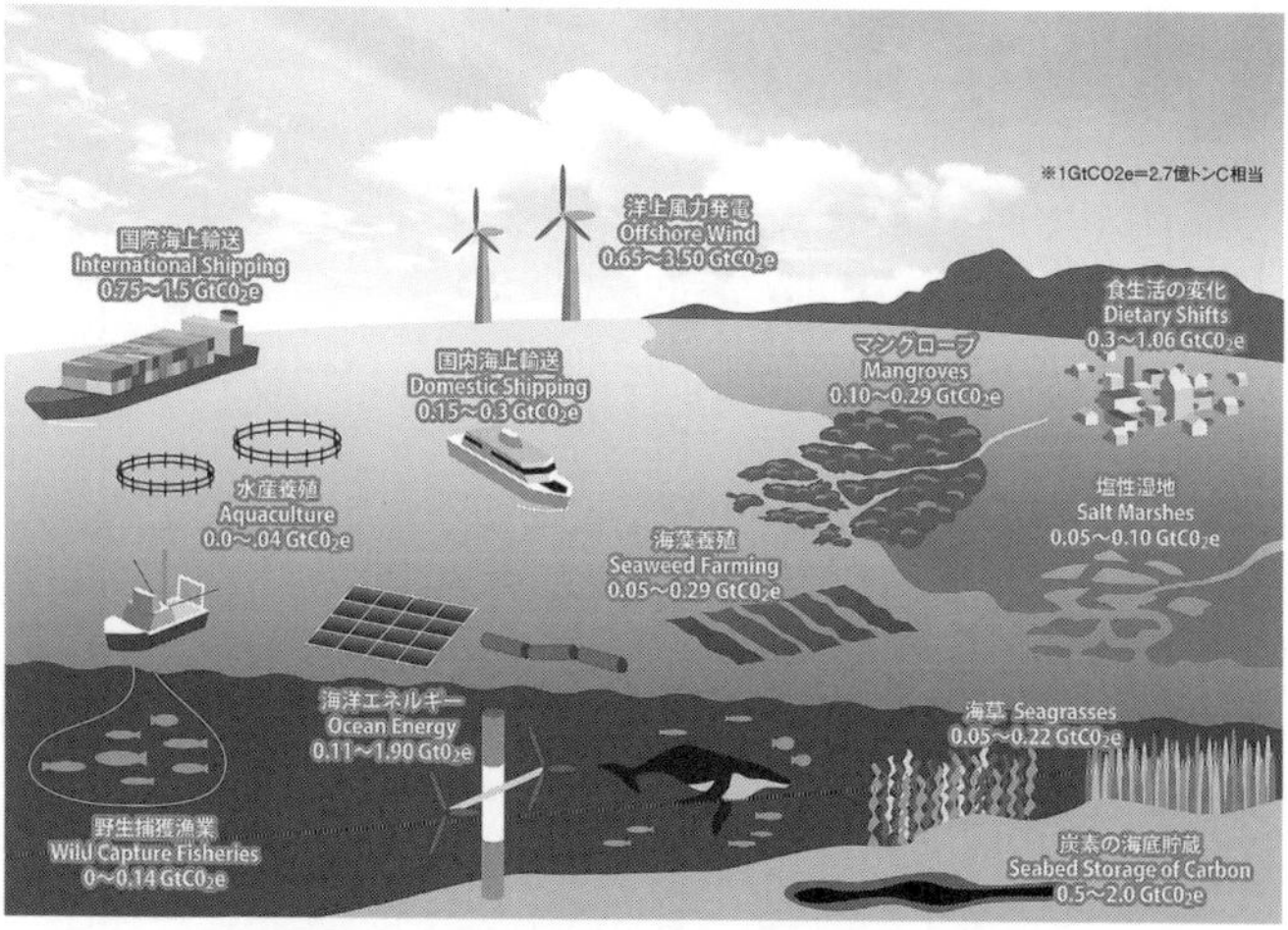

図2　海洋を活用した緩和策と2050年の年間緩和ポテンシャル。Hoegh-Guldberg. O., et al.: "The Ocean as a Solution to Climate Change: Five Opportunities for Action." Report. Washington, DC: World Resources Institute, (2019) から引用． 1GtCO2e＝2.7億トンC相当。

また、海洋を利用した気候変動緩和策には、ブルーカーボンの活用のほかに洋上風力発電等の再生可能エネルギーの推進、海運からの温室効果ガス排出削減、食生活の変化、海藻養殖の推進などがあります（図2）。こうした事業は、気候変動の緩和のみならず、海洋における漁業資源等の保護や、防災・減災、あるいは気候変動の適応という文脈においても重要な役割を果たします。海洋を保全あるいは活用しつつ社会を持続可能するために、海洋産業を発展させようという考え方が「ブルーエコノミー」です。

《JBEにおける事業内容》

この技術研究組合（JBE）では、海洋との関わりをより深め、次々世代以降も持続的に海から恵みを受けられるようにするための、新たな方法や技術の開発を目標としています。大臣認可法人という公的な性格も併せ持つ民間法人として、企業、自治体、NGOやNPOをはじめ、各団体と対等な立場で異業種連携しながら、我が国の特性を生かしたブルーエコノミー事業を実践するための調査研究と社会実装実験を実施していきます。

「環境」や「SDGs」の重要性は、これまでぼやっとしたイメージで語られていました。しかし、それでは企業を巻き込んだムーブメントやビジネス化には至りません。ですからこの法人では、「科学技術的な根拠」、「数値」、「経済価値」、「具体的手法」にこだわります。

（1）**【NPO等の視点】** 地元の海での環境活動を全国に知ってもらい、活動資金を得たい

（2）【企業等の視点】自社におけるESGの取り組みを数値化（KPI）したい、特にSDGs14（海洋）、SDGs13（気候変動）、SDGs6（水資源）への貢献を数値で示したい

（3）【教育学習の視点】目の前の海岸や岸壁に育っている海藻が、どのくらい二酸化炭素を吸収しているか調べる方法を知りたい

といったニーズに応える調査研究を進めていきたいと考えています。

《ネガティブエミッションを目指す社会はもうすぐそこに》

2030年までにCO_2排出をゼロあるいはマイナスにする目標を掲げた国外の有名大企業も現れるなど、気候変動への対策は国際的な潮流となっています。現状の日本では、とても想像も出来ません。

CO_2排出を極限まで抑制することがもちろん、当面の目標となるでしょうけれども、今の技術でもどうしても排出が避けられない産業セクターについては、森林やブルーカーボンといった「吸収源」を活用して、排出量を相殺しない限り、ゼロエミッションましてやネガティブエミッションが達成できないのは自明です。

そんな社会情勢に備えて、JBEでは取り組みを進めます。将来の世代に住みよい環境を残し、かつ海洋を活用して海からの恵みをさらに享受し、日本や世界を元気にするために、精進する所存です。

能代港の洋上風力発電拠点化に向けて

能代市長　齊藤　滋宣

能代市は、秋田県の北部、日本海側に位置し、古くより木材産業が盛んで、「東洋一の木都」と称されておりました。この原材料として供給される良質な秋田杉のほか、秋田県北部で産出される鉱物やお米等の集積地としても発展し、流通の重要な役割を担っていたのが能代港でありました。その後能代港は、石炭火力発電所の立地、総合静脈物流拠点港への指定等、時代にあわせ姿、役割を変え、常に地域の発展を支えております。現在、洋上風力発電の拠点港湾という新たな役割を担うため、変容しようと動きだしております。

全国の地方都市と同様、本市においても、少子高齢化、人口減少が大きな課題であります。仕事を求め能代市から転出する若者は多く、持続可能な都市形成に向けて、魅力ある産業の創出が、最も有効な対策のひとつと考えます。

そこで、着目したのが持続可能な社会にも寄与する「再生可能エネルギー」です。

能代市は昔から日本海からの風が強く、戦後だけでも2度の大火が発生するとともに、飛砂により市民が悩まされ、それを防ぐために東西1㎞、南北14㎞にわたる飛砂防風林「風の松原」が先人たちによって植林されました。

再生可能エネルギーは、自然条件等を考慮した適地選定が重要となりますが、強い風が吹く能代は、まさに風力発電所の適地であります。やっかいものであった「風」が、今や追い風となり、地域の「資源」となりました。

市では、この「資源」を活用する視点で、平成20年3月に策定した「能代市総合計画」において、「新エネルギーの導入、普及」を掲げ、「エネルギーのまち」を市の施策の柱に位置付け、取り組みを進めています。

風力発電所などの再生可能エネルギー設備の導入には、大きな設備投資がともない、その建設及びメンテナンス等に係る経済波及効果が期待されます。本市では、さらにその効果を高めるため、地元企業及び市民の皆様が最大限に恩恵を受けることが出来るよう、再生可能エネルギーを地域活性化の「手段」と捉え、市独自の「ローカルルール」により事業を促進してきました。

「ローカルルール」は、平成25年3月に策定した「能代市再生可能エネルギービジョン」に定めており、地元企業が主体的に意思決定できる事業体による事業計画であること、市民ファンドの活用等市民が参画できる事業計画であること等、市の基本的な考えや配慮すべき事項を示したものです。これにより、地元企業体による大規模なウインドファームの形成、市民ファンドの実施、風力発電所のメンテナンス拠点の立地等の実現が図られ、大きな成果が得られています。

全国で陸上風力発電の導入が拡大する一方で、近年は洋上風力発電事業計画が各地で立ち上がり、本地域沖でも複数の事業者が計画を進めています。

洋上風力発電が陸上風力発電と特に異なる点は、その建設及びメンテナンスにあたって、海上での作業が大きな部分を占めることです。天候の影響を受けやすい海上での作業を極力減らすため、港でプレアッセンブル（仮組み立て）し、完成体に近い形で船により運ばれ、海上で基礎に設置されます。

洋上風力発電の導入が進む欧州では、ナセルやブレード、タワーなどの風車資機材の保管や搬出入、風車をプレアッセンブルできる機能を有した、設置及び維持管理の拠点となる港湾が存在します。その背後地には、風車の部品工場が立地し、メンテナンス拠点が形成されるなど、関連産業が集積することで新たな雇用が創出され、地域経済の活性化が図られています。

本市が目標としているのはこの姿であり、能代港を中心とした洋上風力発電の拠点化による地域の活性化を目指しています。そのためには、耐荷重・広さを備え、風車の重厚長大な資機材を扱うことが可能な港が整備されること、複数の事業により継続的に港の利用が見込まれること等が必要です。

本市では、能代港を洋上風力発電の建設及びメンテナンスの拠点とするため、平成30年8月に、秋田県北地域の各自治体や経済団体、洋上風力発電関連企業等とともに、能代港洋上風力発電拠点化期成同盟会を設立し、国、県に対する要望活動等を実施してまいりました。

こうした活動が実を結び、令和2年3月に、能代港における洋上風力発電建設及び維持管理拠点の形成を柱とした港湾計画の改訂が行われるとともに、この計画に基づき、国では、岸壁整備や地耐力強化等に、秋田県では、ふ頭用地の造成に着手していただいております。また、9月には、港湾法における海洋再生可能エネルギー発電設備等拠点港湾として指定を受け、7月に指定された再エネ海域利用法における促進区域に隣接する港湾として、その活用が見込まれています。本地域の念願である能代港の拠点港化に向け、着実に歩みを進めています。

今、能代市には「追い風」が吹いております。

このチャンスを逃すことなく、洋上風力発電関連の部品工場等の立地、地元企業の参入、メンテナンス拠点の形成等を通じ、日本における洋上風力発電産業の振興を図り、県全体の活性化に繋げるため、今ここで地域が一丸となって取り組む必要があると考えています。

能代市は、洋上風力発電のトップランナーとして、秋田県内の企業、商工団体、自治体、そして県内の各港と連携し、持続可能な社会形成の一端を担えるよう、先頭に立って進んでまいります。

沖縄電力株式会社の地球温暖化対策への取り組みについて

沖縄電力株式会社 常務取締役　仲宗根　斉

私たち沖縄電力は、沖縄の重要なライフラインを担う総合エネルギー事業者として、お客さまの暮らしや経済活動を支えていく上で必要不可欠なエネルギーを安定的に供給することを基本的使命に、事業活動に取り組んでおります。その事業範囲は、東西１０００㎞、南北４００㎞におよぶ沖縄県全域としており、電力の安定供給を図るため、これまで発電所の建設や送配電設備の自動化など、電源開発・設備構築を行ってまいりました。

また、当社を取り巻く経営環境は、電気事業においては小売全面自由化により、沖縄県内においても新電力の参入が進み、ガス事業・エネルギーサービスプロバイダ（ＥＳＰ）事業においても他事業者との激しい競合が生じるなど、事業者間の厳しい競争が本格化しております。

一方、電力業界においては非効率石炭火力のフェードアウトやＥＳＧ投資など、環境対策への議論や取り組みへの要請が高まっております。そのような中、当社は地球環境に対し責任ある企業として、環境問題を経営の最重要課題の一つに位置付け、さまざまな環境活動を推進するため、「沖電グループ環境方針」を制定し、地球温暖化対策などに取り組んでおります。さらに、「気候変動が事業活動にもたらすリスク・機会を分析し、情報開示を推進する」という気候関連財務情報開示タスクフォース（ＴＣＦＤ）提言の趣旨に賛同し、今後も気候変動に関する情報開示の一層の充実を図っていきます。

　国において、２０３０年の温室効果ガス削減目標（２０１３年度比26％減）の達成に向けた地球温暖化対策計画が策定されており、電気事業者においては、電気事業全体としてのCO_2排出抑制目標（２０３０年度に排出係数０・３７kg-CO_2/kWh 程度を目指す）の達成に向けて取り組んでいくこととしております。

　沖縄においては地理的・地形的および電力需要規模の制約などから、水力・原子力発電の開発が困難であり、電力のエネルギー源を化石燃料に頼らざるを得ない状況です。そのような中で、木質バイオマスの混焼やメガソーラー、可倒式風車などの再生可能エネルギー発電設備の着実な運用などを通じて、当社が取り

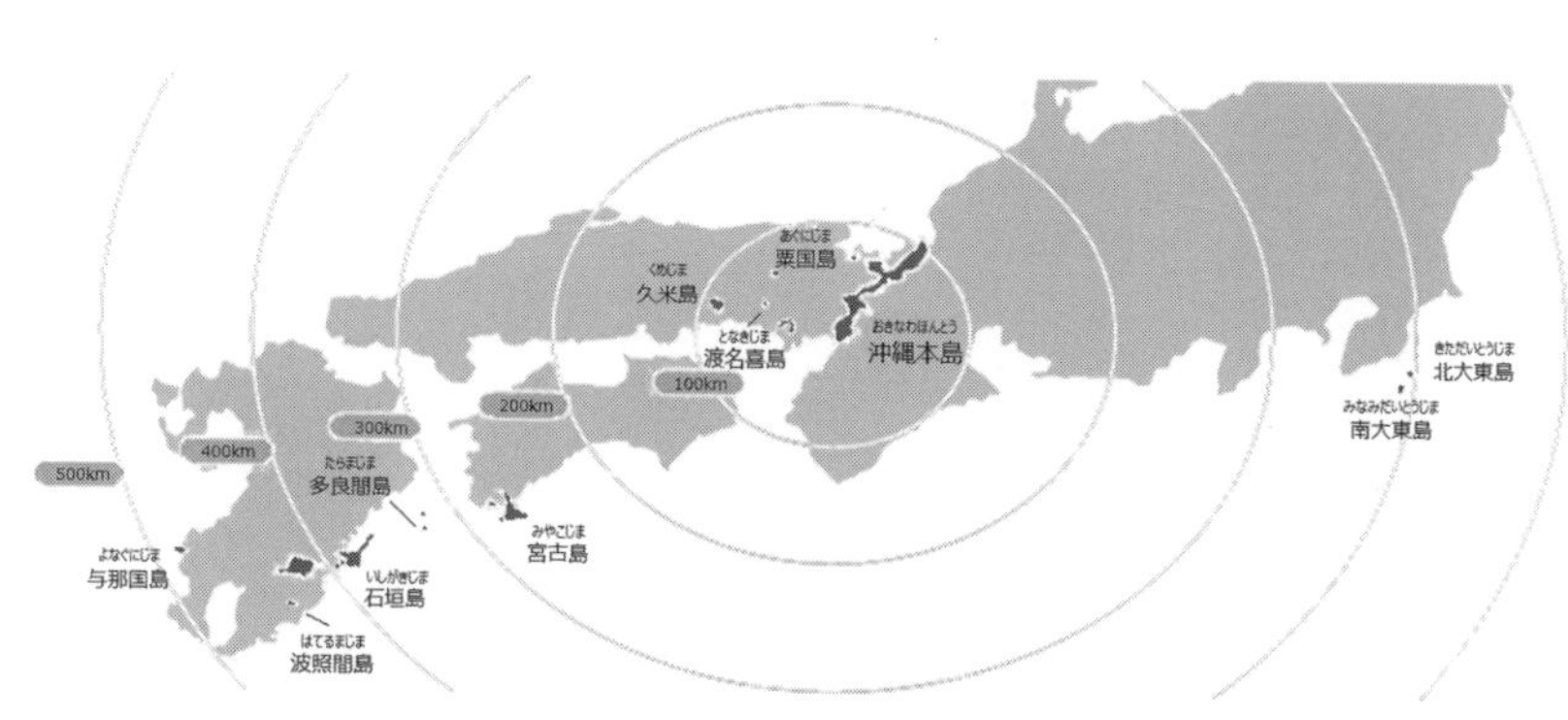

日本地図を背景に沖縄県の島々を重ねた地図
※発電所を設置している島々に島名を記載

得る地球温暖化対策に最大限取り組んでおります。その中でも、ＬＮＧを燃料とする吉の浦火力発電所（以下当発電所）の着実な運用は、当社の地球温暖化対策の要と言えます。

当発電所は、沖縄県中頭郡中城村に位置し、定格出力25・1万kW×2機であり、1号機は２０１２年11月、２号機は２０１３年５月に運転を開始しました。ＬＮＧは化石燃料の中で単位発熱量あたりのCO_2発生量が最も少ない燃料であり、また、当発電所の発電設備は発電効率の高い複合発電（ＬＮＧコンバインドサイクル発電）を採用しており、ガスタービンと蒸気タービン両方で発電機を回すことから、従来の汽力発電方式（蒸気タービンのみの発電）と比べて、より少ない燃料で同じ量の電気を作ることができます。

当発電所運転開始前の当社の発電電力量構成は概ね石炭８割、石油２割でしたが、２０１８年度には石炭６割、ＬＮＧ２割、石油１・５割となり、CO_2排出係数についても約16％低減しております。

更なるＬＮＧの利用について、沖縄本島以外の各離島においては、需要規模や設備コストの面から、現状

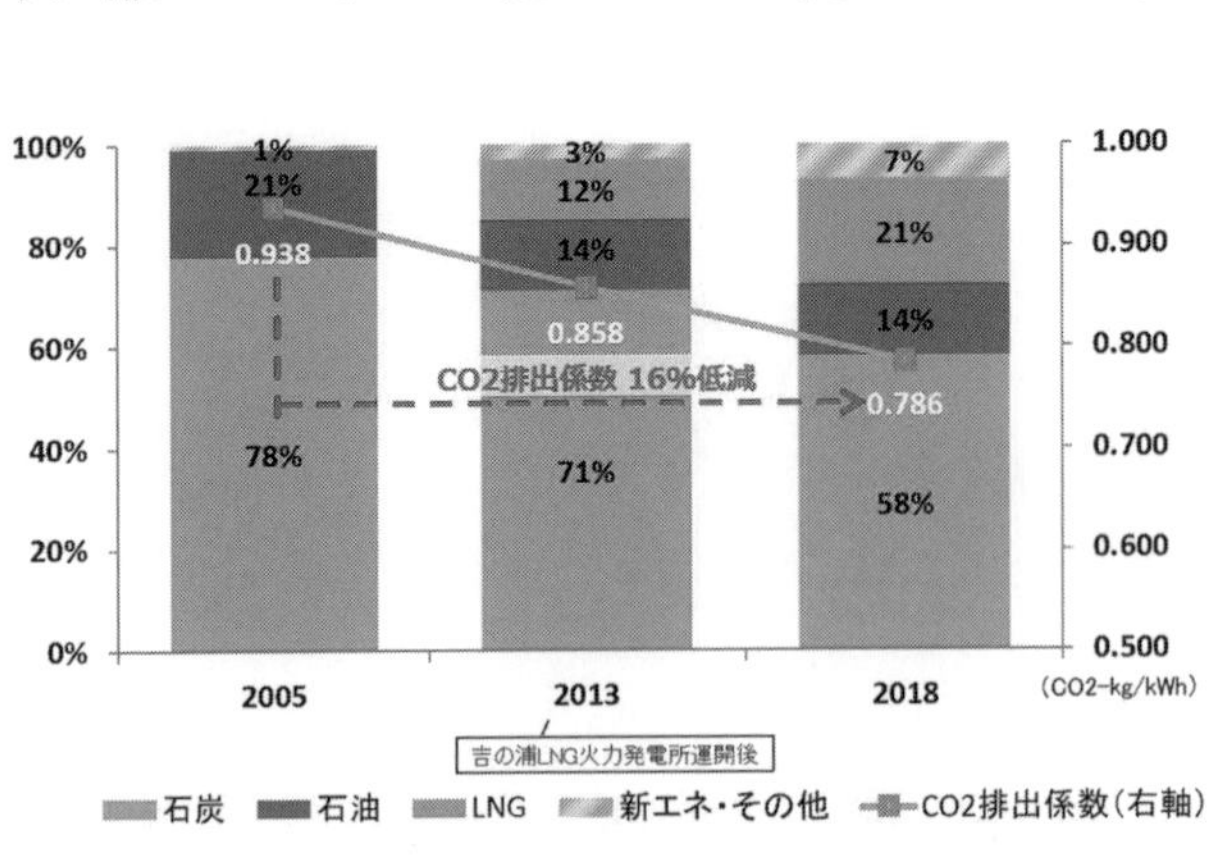

発電電力量構成比およびCO_2排出係数推移

発電機の燃料に重油を使用していますが、重油をＬＮＧへ転換する検討を行っており、宮古島において重油およびＬＮＧの両方を利用できる、定格出力1・2万kW×2機のデュアルフューエル発電機の導入を決定しました。デュアルフューエル発電機の導入は、事業用発電設備としては国内初の試みとなり、輸送面などでの課題解決に向けた検討を行います。

当社は、環境に関する法規制等の遵守はもとより、地球温暖化対策を含めたＳＤＧｓについて、引き続き積極的に取り組んでまいります。

最後に、当社が電気やガスの安定供給を行うに当たっては、多くの港湾関係者のご理解とご協力の元、日々の燃料受入が滞りなく行われ、当社の事業運営を支えています。特に、今後離島へのＬＮＧ導入の検討を実現するためには、海外と沖縄本島を大型タンカーが結ぶこれまでのＬＮＧ輸送モードに加え、沖縄本島とそれぞれの離島を結ぶスモールスケール（小規模輸送）に対応した新たなＬＮＧ輸送モードの確立に挑戦する必要があります。

当社としては、離島におけるＳＤＧｓ達成に向けたこうした課題を、既存インフラや港湾関係者ネットワークなど「みなと」をフル活用して解決することで、ここ沖縄から新たなモデルとして全国に発信していきたいと考えています。

沖縄県のような島嶼地域において、港湾は重要な役割を担っています。離島を含めた沖縄県全体の発展を支えるインフラとして、今後、港湾施設が更に充実したものとなることを願っています。

SDGs達成に貢献していく洋上風力発電

東京大学 教養学部 環境エネルギー科学特別部門 客員准教授　松本　真由美

《先行する欧州、日本でも動き出した洋上風力発電》

欧州の海域は遠浅で安定的に強い風が吹くため、着床式の洋上風力が大規模に導入されています。政府主導で開発可能海域のゾーニングや環境アセスメント、地元関係者との調整、系統接続等を進めるとともに、入札制度を導入し、短期間で全体のコストは急激に下がっています。技術面でも、風車の大型化（主流は7～8MW）が進み、建設台数が削減され、O&Mコストは低減しています。洋上風力の建設現場近傍の港湾では、風車などの組み立てや関連機器の保管・積み出しを行うなど、コストがかかる洋上での据付工事の最小化と建設期間の短縮化が進んでいます。

日本でも、第5次エネルギー基本計画（2018年7月閣議決定）で打ち出された「再生可能エネルギー（以下、再エネ）の主力電源化」の切り札とされるのが、洋上風力発電です。2018年11月、「海洋再生可能エネルギー発電の整備に係る海域の利用の促進に関する法律（再エネ海域利用法）」が成立し、2019年4月1日施行されました。同年7月末に4区域（秋田県能代市・三種町・男鹿市沖、秋田県由利本荘市沖、千葉県銚子市沖、長崎県五島市沖）が促進区域の前段となる有望区域に選定され、政府は、12月27日五島市沖を促進区域に指定し、秋田2区域と銚子沖も２０２０年7月21日促進区域に指定しました。同年7月3日には、新たな4区域が有望区域に選定されています。この他、民間主導の洋上風力発電プロジェクトが各地で立ち上がっています。

《ＳＤＧｓ達成に貢献する洋上風力発電》

ＳＤＧｓ（持続可能な開発目標）が、２０１５年9月国連サミットで採択されてから5年経ち、ＳＤＧｓへの貢献を掲げる企業は多く出てきています。２０１５年は世界にとって転換点ともなる年でした。9月にＳＤＧｓが採択され、12月にはパリで開催された気候変動枠組条約第21回締約国会議（ＣＯＰ21）で、２０２０年以降の温室効果ガス排出削減のための国際枠組み「パリ協定」が採択されました。

では、ＳＤＧｓの目標達成に洋上風力発電はどう貢献できるでしょうか。まず、「目標7：エネルギーをみんなに、そしてクリーンに」と「目標13：気候変動に具体的な対策を」に直接関わります。パリ協定は、世界共通の長期目標として、産業革命前からの平均気温の上昇を2℃未満に抑えるとともに、1・5℃に抑える努力を追求し、今世紀後半にカーボンニュートラルの「脱炭素社会」を目指しています。脱炭素化のカギは、省エネの徹底と再エネの大量導入です。企業による、洋上風力発電所を対象とした長期電力契約（ＰＰＡ）

による電力調達の機運も高まっています。

［目標3：すべての人に健康と福祉を］には、大気汚染対策として貢献できます。洋上風力は陸上風力に比べ、騒音や通常運転時の安全面で優位性があると考えられます。

［目標8：働きがいも経済成長も］は、経済成長という視点では発電コストは安いほうが良く、日本でも今後、大規模導入などにより発電コストが下がり競争力ある電源になることが期待されます。

［目標11：住み続けられるまちづくりを］では、港を核とした地方創生を目指してほしいです。国内に風車を製造するメーカーはなくなっていますが、地域活性化の視点から、部品点数が多い風力発電設備の工事やメンテナンスに関わる地場産業を育成していく必要があります。

［目標12：つくる責任、つかう責任］については、事業を終えた際の風車ブレードなどの処分は、十分なリサイクル技術が普及しているとはいえません。ドイツ政府は、2021年以降、風力発電設備の解体が増加し、これらの撤去や高効率設備への建て替えが進み、解体で生じるコンクリートや鋼鉄、銅、アルミニウムは、既存のリサイクルシステムによる処理は可能だが、風車ローターのブレードに使用されているガラス繊維・炭素繊維強化プラスチックの再利用処理が行える施設はドイツ国内に一カ所しかなく、年間7万トン排出されるこれらの処理が困難になると発表しています。一方、2020年2月

5日、米ブルームバーグは、米スタートアップ企業のGlobal Fiberglass Solutionsが、ガラス繊維のブレードを分解できる技術を開発し、建材に用いられるペレットとファイバーボードに再生する技術を開発したと伝えています。同社テキサス州の工場では年6000枚程度のブレードを処分でき、99・9％の素材がリサイクルできるといいます。こうしたイノベーションは、「目標9：産業と技術革新の基盤をつくろう」に関わり、社会課題の解決に向けて前進できます。

「目標14：海の豊かさを守ろう」を実現するために、事業者は、環境アセスメントを実施した上で、生物多様性の保全に配慮して事業を進める必要があります。

「目標16：平和と公正をすべての人に」も重要です。重大な法令・条例違反による行政処分を受けることがないよう健全な事業展開が求められます。

「目標17：パートナーシップで目標を達成しよう」の下、企業同士の連携だけでなく、行政や大学、地域住民等との協創により、持続可能な発電事業と地域活性化が「正の相関関係」になることを期待しています。

新型コロナウイルスのパンデミックからの復興を図る上で、世界で「グリーンリカバリー」（持続可能な経済復興）という新たな考え方も生まれています。SDGsを洋上風力発電プロジェクトに取り込み、港を拠点とし、事業に関わる企業や立地地域の持続的成長力（サステナビリティ）を心から願っています。

持続可能な循環型社会へ向けて
―リサイクルポートの進むべき方向―

リサイクルポート推進協議会 会長／糸魚川市長　米田　徹

《はじめに》

持続可能な開発目標（ＳＤＧｓ）は、２０１５年9月の国連サミットで採択された「持続可能な開発のための２０３０アジェンダ」にて記載された２０３０年までに持続可能でよりよい世界を目指す国際目標です。この一環で、あらゆる分野におけるリサイクルの推進などによって、循環型社会の構築へ向けた加速化が求められています。

循環型社会の構築を図るには、地域社会内での循環のみならず、全国規模あるいは世界規模での大きなリサイクルの輪を構築していくことが必要です。

このような近年の状況を見越して、平成14年度より、海運での広域ネットワークを形成するため港湾を核とした静脈物流システムの構築を進め、その事業化を推進していくために、民間団体や民間事業者、港湾管理者などが参加して、リサイクルポート推進協議会が設立されました。

現在、このような広域的なリサイクルの拠点となる港湾として、22港が総合静脈物流拠点港（リサイクルポート）の指定を受け、様々な分野で循環型社会構築に貢献しています。

《リサイクルポート推進協議会の高度化について》

リサイクルポート推進協議会には現在6つの専門部会があります。

国土交通省港湾局では、平成29年度にリサイクルポートにおける新たな取組について推進することを目的として、「リサイクルポート施策の高度化研究会（座長：京都大学大学院地球環境学堂 教授 勝見 武）」を立ち上げ、循環資源や災害廃棄物処理に関する新たな港湾利用ニーズについての関係者からの意見を踏まえた施策の方向性を検討してきました。

《リサイクルポート推進協議会の専門部会の再編について》

前述の高度化研究会の検討結果から従来の部会組織を以下のような構成に再編しました。

平成30年度から新しい組織形態で、各部会を運営しています。

［災害廃棄物処理検討部会］

新規部会である「災害廃棄物処理検討部会」では、首都直下地震等の大規模災害に備え、迅速な復旧・復興のために必要な課題は何か、災害廃棄物処理の観点から、以下の課題を掲げ検討を進めています。

●課題

・港湾を活用した広域処理のスケールアップ

・災害廃棄物の被災地以外の受入れに向けて海上輸送出来るネットワークの構築

・各港湾での取扱いについて、災害廃棄物であることを前提とした柔軟性の確保

●検討の方向

・大量に搬出するためのロジスティクスの検討
・セメント工場等の受入施設・利用港湾候補の特定
・利用港湾候補公共バースの円滑な利用（積替等）の調整
・受入施設の需給調整弁としての保管機能の確保
・発災時の対応体制の構築

災害廃棄物広域処理について、近年の実績として、東日本大震災、熊本地震、平成30年7月豪雨等が挙げられます。平成28年の熊本地震では、益城町等から排出された災害廃棄物（木くず）約5万4千トンを新潟県糸魚川市内のセメント工場2社で受け入れました。木くずは、バイオマス発電用燃料やセメント副原料として使用し、さらに、製造したセメントを熊本県に輸送して被災地の復興を支援しました。

［国際資源循環部会］

また、もうひとつの新規部会である「国際資源循環部会」では、鉄スクラップの国内需給を踏まえ、海外への輸出動向に注目し、以下の検討を行っております。

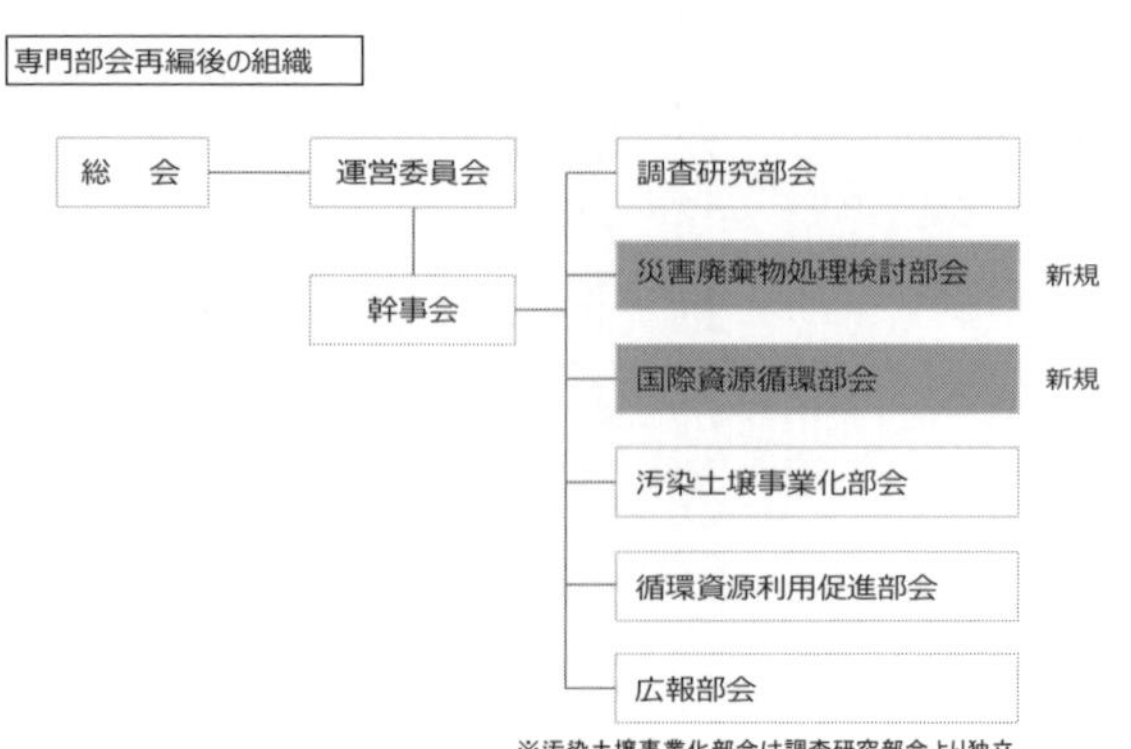

専門部会組織図

●背景

・日本は年間800万トン前後を海外に輸出、米国に次ぐ世界第2位の輸出国であるが主要輸出先国である中国・韓国の鉄スクラップの自給化が進行中

・国内に多量の鉄スクラップが滞留することによる排出負担の増加や新たな最終処分場建設需要の発生が懸念

●検討の方向

・鋼材需要の旺盛な途上国（東南アジア、南アジア等）に原材料として輸出、途上国インフラ発展への貢献、世界全体での資源有効利用を行い国内鉄スクラップ市場価格を安定化

・事業者による集荷・品質向上等の競争力強化のための取組と併せ、マラッカ海峡以遠への輸出に適した1万トン以上の大型船舶対応の港湾利用を検討

《おわりに》

災害に強い国づくりに必要な災害廃棄物の広域処理を可能とし、国内外の循環資源の利用を促進し、更なる循環型社会を構築するためにリサイクルポートを活用した海上輸送ネットワークは次世代に寄与できる港の大きな役割のひとつであると思います。

リサイクルポート推進協議会では、これからも時代のニーズを捉え、未来に向けた取組を進めてまいります。

7つのメッセージ

第5章

【にぎわい・文化】

地域を満喫し、誇りを持つ！

「みなと・まちづくり」の提案 ――〝港町ブルース〟からの考察

京都大学こころの未来研究センター 教授　広井 良典

私は来年還暦を迎える人間ですが、私前後の年齢より上の世代の人々で、〝港町ブルース〟を知らない人はほぼいないでしょう（学生などに話しても全く通じないのですが）。1969年に森進一が歌った曲で、その年のレコード大賞最優秀歌唱賞を受賞するとともに、実に200万枚以上を売り上げる大ヒットとなりました。

この〝港町ブルース〟について、以前の私は特別の思い入れを持っていませんでしたが、ここしばらく地域再生に関する仕事に関わる中で、この歌は日本における「港町」、あるいは地方都市のあり方を考える上での様々なヒントを含んでいると思うようになりました。

あらためて確認すると、この歌は北から順番に日本の「港町」を取り上げる構成になっており、函館に始まり、宮古・釜石・気仙沼、三崎・焼津・御前崎、高知・高松・八幡浜、別府・長崎・枕崎と続き、最後は「旅路の果て」の鹿児島で終わります。うまくできた歌詞だと感心せざるをえない内容です。

ところで、上記のように私自身の中で地域再生への関心が強まる中で、自分はこの歌詞に出てくる「港町」の半分程度をまだ訪れていないということに気づきました。そして、特別意識的にというわけではありませんが、少し前から、旅行などでこれらの港町のいくつかを訪ねるようにしたのです。

その結果は、残念ながら、これらの「港町」の相当な部分が、かなりの程度に衰退しているという事実でした。ある意味でそれは、〝港町ブルース〟の時代からの、日本の地方都市の変容を象徴的に示しているという面も持っているでしょう。

たとえば私は昨年の夏、港町ブルースに出てくる愛媛県の「八幡浜」——大分県の臼杵と別府との間にフェリーが運航しています——を旅行で訪れましが、港そのものは一定の存在感を示しているものの、その近くの中心市街地の商店街は、見事に〝シャッター通り〟となっていました（写真1）。また、同じく港町ブルースに登場する「焼津」を先日訪問しましたが、ここでも港は一定の機能を維持しているようにも見えますが、隣接する中心市

写真1　八幡浜の中心市街地

街地の駅前商店街は、やはり見事なシャッター通りとなっていました（写真2）。

以上の指摘については、次のような反論もあるかもしれません。それは、私がいま述べているのは「港」そのものではなく、港近辺の市街地ないし商店街の話であって、それは港それ自体とは別のテーマではないかという意見です。

しかし、私がここで話題としたいのはまさにその点なのです。つまり「港」だけを切り離して考えるのではなく、周囲の市街地や商店街等々も一体的にとらえた上で、「港町」全体の賑わいやあり方を考えていくという発想がもっと必要なのではないかと思うのです。

それがまさに、この文章のタイトルにしている「みなと・まちづくり」、すなわち〝「みなと」と「まちづくり」〟の融合という発想です。

こうした発想はこれまでもなかったわけではないでしょうが、一つには行政のタテワリ、つまり「港湾政策」と「まちづくり・都市政策」、「市街地活性化政策」、「道路交通政策」等

写真2　焼津の中心市街地

がそれぞれ別の部局で行われてきたという点も、背景にあるように思われます。そうではなく、分野横断的あるいは総合的な「みなと・まちづくり」政策が求められているのではないでしょうか。

一方、以上の記述で私はややネガティブなケースを挙げましたが、かなりうまくいっている「みなと・まちづくり」も多く存在すると言えます。

〝港町ブルース〟に出てくる港町の中で私が比較的最近訪れた例では、たとえば「高松」については、高松港近くの丸亀町商店街は商店街再生の成功事例としてしばしば引き合いに出される例です。また「長崎」は先日訪問する機会がありましたが、（新型コロナの関係で多少人出は少なかったものの）「長崎出島ワーフ」という複合商業施設からなる洒落た感じのエリアが港に作られていて、賑わいとくつろいだ雰囲気が醸し出されていました（写真3）。

〝港町ブルース〟以外にも目を向けると、個人的

写真3 長崎港の「長崎出島ワーフ」

には佐世保港のある佐世保市の中心市街地の商店街は、もっとも好きな地方の「まち」の一つです。約1キロに及ぶ、日本一長いアーケード街と呼ばれる商店街であり（写真4）、そこから歩いて比較的近いところに佐世保港があり、港の脇に「させぼ五番街」というショッピングモールが２０１３年にオープンしています。これについては商店街の集客との関係で様々な議論があったと聞き、たしかに「港＆モール」と「商店街」との関係性には課題もあると現地で感じましたが、それでもなお全体としては、日本の中で「みなと・まちづくり」の比較的うまくいっている例だと思います。何より、佐世保市は人口約24万人の都市ですが、この規模の地方都市でこれだけの賑わいを保っている例は、現在の日本には他に存在しないでしょう。

なお、先ほどの「焼津」に近い「沼津」も、沼津駅前の中心部の商店街が一定の賑わいを保っており、沼津港も同様ですが、もう少し中心市街地の商店街と港を〝つなぐ〟ような政策が行われれば、「みなと・まちづくり」としてさらに魅力的な港町になると思われます。

写真4　佐世保港近くの商店街

誌面の都合で簡潔にとどめますが、こうした「みなと・まちづくり」で参考になる国として、ドイツを挙げたいと思います。私はほぼ毎年ドイツ各地の地方都市を訪れていますが、ドイツの場合、どの地方都市に行っても、中心部から自動車交通がシャットアウトされ、歩行者が〝歩いて楽しめる街〟ないし「コミュニティ空間」となっており、港町の場合は、港湾と市街地が有機的につながって、まさに「港町づくり」がうまく行われている印象があります。たとえば写真5は、ドイツ北部のフーズムという小さな港町（人口約2万人）の、港から続く市街地の様子ですが、高齢者などもゆっくり過ごせる賑わいのある市場などが広がっています。これからの時代の重要なポイントは、〝歩いて楽しめる港町〟という視点ではないかと思います。

写真5　小さな港町の市場の賑わい（ドイツ・フーズム〔人口約2万人〕

本稿で述べてきたように、商店街などを含む市街地の「まちづくり」と「港」を総合的にとらえた「みなと・まちづくり」＝「港町づくり」の発展を大いに期待したいと思います。

港と文化交流

シリウス・インスティテュート株式会社 代表取締役　**舩橋　晴雄**

筆者は以前税関に奉職していたことがあります。税関はいうまでもなく貨物の輸出入、人の入出国の最前線にあって、関税の徴収、消費税の賦課・還付、麻薬や拳銃など社会悪物品の摘発などをその業務としています。現場は港にありますからその本部（本関といいます）の所在地も港にあります。北から、函館、東京、横浜、名古屋、大阪、神戸、門司、長崎そして沖縄と、全国に九税関が存在しています。この配置は海港を前提としたものであって、今日では空港が航空貨物やインバウンドの激増などによって、その業務の大きな役割を占めるに至っていますが、空港の所管はいずれかの税関に割り振られ（東京税関の場合は、成田、羽田、新潟、山形空港を所管しています）、本関は依然として海港に立地しています。

この九つのうち、いわゆる港町でいわばハイカライメージのあるのが、函館、横浜、神戸、門司の四ケ所です。いずれも幕末に開港して発展した地域です。東京、名古屋、大阪は経済の中心地で、その港湾機能も大きなものがありますが、港イメージの都市ではなく、港がどこにあり、税関がどこに立地しているか知る人は少ないでしょう。

一方、長崎は戦国末期に開港し、鎖国時代を通じて海外に開かれた唯一の港であったという長い歴史を持っていますから、港を通じた文化交流を考えるのだったら、まず参考にされなくてはならない港でしょう。

筆者はこの長崎について一書をものにしたことがあります。『鎖国の窓—異文化の受容と拒絶』（東急エージェンシー刊）というもので、１９８６年に上梓しました。本書では、永禄年間から明治維新に至るまでの三百年間の長崎を舞台として、そこを行き交った人々（ヴァリニャーノやフロイス、フェレイラなどの宣教師、ケンペル、フィッセル、シーボルトなどのオランダ商館員、ポンペやオールコック、グラバーのように幕末に医官、外交官、貿易商人として活躍した人々）と、彼らと接点を持ち、時に彼らに心酔し、彼らを迫害し、彼らと交流し、彼らを批判し、あるいは彼らを知ったがために心ならずも数奇な運命を辿らざるをえなかった日本人達を描くことを通して、副題にあるように「異文化の受容と拒絶」の姿を考えたものです。

当時日本経済は隆々たるものがあり、主にアメリカやＥＣ諸国との間で貿易摩擦を生んでいたこともあって、国と国との交際、人と人との交流に伴う刺激や摩擦などをどう捉え、どう乗り越えていくかについてささやかな思考実験をしたのです。そこでは例えば文化交流に当たって問題となるいわゆるアイデンティティについて、その人間集団の文化に継続性があるかどうか、人類共通の財産といえるような普遍性を持つものなのか、誰にも理解できる明瞭性を有しているか、文化の交流によってどう変わっていくのかというような観点から議論をしていますが、今となってあらためて読んでみると、若気の至りというか、思慮の足りない議論であったと痛感させられます。

中でも最も思慮の足りなかったのが、先ほどの登場人物の例示にあるように、当時の筆者は、「異文化の受容と拒絶」といっても、西洋文明のことしか視野になかったということです。

長崎といえば今でも、南蛮人、紅毛人、オランダ商館というように西洋に向けて開かれた港であり、「鎖国」中の貿易や人の交流といっても西洋人に対するものという印象が強くありますが、実は当時は対中国の貿易や人の交流もそれに勝るとも劣らぬ重要なものがあったのです。貿易の主要品目は、日本からの輸出は銅や俵物と呼ばれた煎海鼠(いりこ)、干鮑(ほしあわび)、鱶鰭(ふかひれ)、そして昆布などの海産物であり、日本の輸入は反物(羅紗(ラシャ)、天鵞絨(ビロード)、縮緬(ちりめん)など)や漢方薬と漢籍が主なものでした。

このうち興味深いのは書物の輸入です。当時長崎奉行所には書物改役という役人がいて舶来される書物の検閲(対象は禁制となったキリシタン関係のものが中心)を行っていましたが、そのリストを見ると中国からの輸入書は、歴史書、儒教などの思想書、「三国志演義」や「西遊記」「紅楼夢」などの通俗本、更には漢方医学や薬学などの実用書など、広範な分野に渡っていたことがわかります。当時の日本人が中国をどのように見ていたか、また漢文を自国語のように読むことができた日本の知識層がいかにそれらの書物を渇望していたかを窺い知ることができるのです。

一方、ごく稀な例ですが、日本で上梓された書物で中国の学者等から求められて、いわば輸出されたものもいくつか存在しました。文化年間に長崎奉行所へ奉職した江戸の狂詩、狂歌の大家大田南畝の随筆によれば、そこに挙げられているのは『七経孟子考文』や『論語徴』などです。

『七経孟子考文』というのは江戸の大儒荻生徂徠の門人山井崑崙（こんろん）と根本遜志が、足利文庫に所蔵する古典籍を調査して、そこに既に中国では失われた宋代を中心とする古注釈書を発見し、これらに基づいて「七経」即ち「易経、書経、詩経、春秋左氏伝、礼記、論語、孝経」及び「孟子」の本文を校勘した書物です。折しも清朝では考証学が盛んとなっており、ここに中国では滅びてしまった書物が引用されていることが注目されたのです。

一方『論語徴』は徂徠の主著の一つで「論語」の注釈書です。徂徠の経学（古典解釈学）を古文辞といいますが、これは経書（「論語」や「礼記」など）を読み解くには、これらが作られた時代の言葉（古文辞）の意味に即していなければならないとするのです。そして朱子などの後世の儒学者はそのことを弁えずに、現在の意味で経書を解釈しており、これでは正しい理解につながる筈はないとします。折しも中国においても正統な学とされた宋学（朱子学）への疑問が呈されるようになった風潮の中で、徂徠はその時代の先鞭をつけた学者としても高く評価されたのです。

　ここまでが序論で、ここから「港と文化交流」という本論に入ります。

　第一に、交流の主体をどう捉えるかということです。ここでいわゆるインバウンドの観光客をいくら増やしても真の文化交流にはつながらないでしょう。また、どのような国のどのような人達とどういう分野で交流するのかが明確でなければ、真の文化交流は生まれないでしょう。真の文化交流にはそれぞれの港が自らの特徴や人的資源をよく吟味した上で、周到な準備の下、時間をかけて実践しなければならないと思います。長崎を西洋に開いた窓としか認識できなかったという筆者のかつてのレベルでは、それが成功する筈はありません。

　第二は、文化交流も「交流」と称する以上、一方的であってはならないということです。一方的とは追従、讃仰、摸倣に終始している状態で、明治期の「文明開化、脱亜入欧」とか、戦後の「アメリカ一辺倒」などの姿をいいます。『七経孟子考文』や『論語徵』の例で見たように、相手側から一目も二目も置かれるようなものを持っていなければならない。今日のわれわれにとってそれは何なのか、港とその後背地の歴史や風俗、文化や藝術などについてもよくよくふりかえり、いわば「日本再発見」をしていくことの中にその突破口があると思います。

　第三に、港の文化交流は開かれたものでなくてはならないということです。長崎は鎖国下で唯一開かれた窓でした。では、鎖国でない現在の港は本当に開かれているでしょうか。種々な規制や慣習や利権が付着している所も少なからず存在します。それを残していて文化交流をというのは無い物ねだりのようなものではないでしょうか。

しかしながら最後に、港は文化交流には実に相応しい場であることです。特に文化や藝術は、非日常的な場において新しい美意識や価値観が生まれることはよく知られています。港、海の向こう（あるいは空の向こう）は異界です。その異界から多くの人々（昔は異人といった）が現われ、多くの思想文物がもたらされます。それとの接触とこれに伴う刺激の価値は、世の中のことすべてがインターネットに押し込められている日常からの解放でもあります。このように異界の人々や文物とはじめて直接に交流し接触する場は港をおいて他にはありません。

にぎわい創出を目指したみなとオアシス「八幡浜みなっと」

八幡浜市長　大城　一郎

《挨拶》

私は、平成21年から市長に就任して以来、平成25年にみなとオアシス「八幡浜みなっと」の開設、平成28年に八幡浜市初の八幡浜黒湯温泉「みなと湯」の開設に携わり、八幡浜市のにぎわい創出に取り組んできました。これらの計画にあたっては、市民の声を市政に反映し、市民が喜び楽しめる施設づくりを目指しました。今回は、八幡浜の特色である「港」「魚」「みかん」を活かした「八幡浜みなっと」について、紹介させていただきます。

《八幡浜市の紹介》

八幡浜市は、人口約3万3千人、四国、愛媛県の西部に位置し、九州に面しています。西日本有数の天然多種魚の水揚を誇る八幡浜漁港と、四国と九州を結ぶフェリーが1日20往復運航する八幡浜港を抱え、港を中心に発展してきました。

八幡浜港のフェリー航路

また、農業では、段々畑でのみかんの栽培が盛んで、「日の丸（向灘地区）」「マルマ（真穴地区）」「マルカ（川上地区）」など全国に誇る温州みかんの最優良ブランドの産地であります。

《にぎわい創出を目指した「八幡浜みなっと」の整備》

八幡浜市は、明治期から八幡浜・大阪間の海運業が盛んになり、以来、商業物流都市として発展しましたが、昭和30年以降、人口減少が続いており、地域の活力低下が課題でありますます。そのような中、平成14年に「みなとまち八幡浜の再生」を基本理念とした計画「八幡浜港（港湾・漁港）振興ビジョン」を策定し、八幡浜市の再生に取り組んでいます。以降、「みなとまちづくり協議会」などの活動により、地域の特色、市民の想いを整備計画に反映させ、平成25年4月にみなとオアシス「八幡浜みなっと」の開設に至りました。

この施設整備にあたっては、市民を最大の顧客と考える事は基より、年間76万人（令和元年実績）のフェリー利用者のサービスエリアとして、立ち寄りの場になる事を目指しました。

みなとオアシス「八幡浜みなっと」

《八幡浜の特色を活かした施設の紹介》

八幡浜の基幹産業の一つである水産業を活性化するため、老朽化していた魚市場の建替を行い、「八幡浜みなっと」と同時に新しい魚市場を開設しました。この事により、海産物直売所「どーや市場」では、魚市場の仲買人16店が入店し、水揚げされたばかりの新鮮な魚介類を販売する事となりました。購入した魚介類を「どーや食堂」のバーベキューコーナーで食べることもできます。

また、もう一つの基幹産業である農業を活性化するため、八幡浜の物産販売ができる民設民営の産直・飲食施設「アゴラマルシェ」を開設しました。ここでは地元農家が収穫した新鮮な果物や野菜の販売、柑橘など一次産品を使用した地元の加工品(みかんジュース、マーマレードなど)の販売を行い、好評を得ています。

市民の憩いの場としては、石窯パンや市民のソウルフード「八幡浜ちゃんぽん」や「じゃこカツ」などを飲食できる空間や海やみかん畑が眺望できる緑地空間を整備しました。

観光案内・まちづくり活動拠点施設「みなと交流館」では、観光情報の発信に加え、まちづくり・ボランティア・文化活動、住

どーや市場

イベント開催時の「八幡浜みなっと」

民参加のイベントができる会議室を提供し、多くの市民に親しまれています。

平成25年度の開設以降、令和元年度まで7年連続して来場者は年100万人を超えており、「八幡浜みなっと」は継続して地域のにぎわいを創出している拠点になりました。これは、八幡浜の特色である水産・農業を活かした施設や市民の憩いの場である緑地、大型駐車場などの施設整備はもとより、交通の拠点であるフェリー利用者の集客、指定管理者による継続したイベントの開催やきめ細やかな情報発信が、成功した大きな要因と考えています。

じゃこカツ
第3回みなとオアシスSea級グルメ全国大会で第1位（2013年）

《これからの八幡浜港》

八幡浜港のフェリー栈橋は、供用開始から50年近く経過し、老朽化が著しい事から、新しいフェリー栈橋、フェリーターミナルビル、道路・駐車場を「八幡浜みなっと」近隣の埋立地に整備しています。この施設は、災害時の防災拠点であり、フェリー航路と高速道路の直結により、災害に強い国土づくりに寄与する事が期待されています。これからも「まちの元気は港から」の合言葉の下、市民をはじめ、利用者全ての方に愛され親しまれる港づくりを目指します。

みなとを活用した交流と交易のまち館山を目指して

館山市長　金丸 謙一

昨年9月に千葉県に上陸した「令和元年房総半島台風」により、館山市は甚大な被害を受けました。

被災直後から、国や千葉県、自衛隊、港湾関係でつながりのある全国の自治体等から迅速なご支援をいただき、大変心強く感じました。

また、多くのボランティアの皆様、救援物資や災害寄附金、あたたかい励ましのお言葉など多大なるご支援をいただきました全国の皆様にこの場をお借りして改めて御礼を申し上げます。

さて、私がチャレンジし続けている館山市最高の資源「海」、「港」を活用したまちづくりについてお話しさせていただきます。

館山市は千葉県房総半島の南端にあり、34・3㎞の海岸線を持つ風光明媚な「海のまち」です。黒潮の影響で年間を通じて温暖な気候に恵まれた、都心から車で80分の人気の観光地です。

近年では、全国の地方都市と同様、人口の減少、少子高齢化が進行し、高齢化率は40％

弱となっており、若者が希望する雇用の場の確保が難しくなっています。このような状況の中で街の活性化を図るためには、街が持っているポテンシャルを最大限に活かし、魅力をアップさせることで外部からの来訪者を増やし、市内の経済環境を良好なものとしていくことが重要であると考えています。

そこで、ウミホタルやサンゴの生息する自然豊かな「海」、半島に囲まれ外海からの影響が少なく、鏡のように静かな海ということから別名「鏡ヶ浦」と呼ばれている天然の良港である「館山港」の活用について取り組んでいくこととといたしました。

そのひとつとして、平成12年に館山港が観光・レクリエーションに資するための港として国から特定地域振興重要港湾に選定されたことを受け、平成14年3月に国、千葉県と館山市の3者で館山港の特性を活かして、海辺の拠点整備や来訪者へ海辺の憩いの場を形成していくことをテーマとし、定期旅客船やクルーズ客船、湾内遊覧船の就航やマリンスポーツの振興などの街づくりプランの入った「館山港港湾振興ビジョン」を策定しました。

ビジョン実現に向け、まず多様な船舶を誘致するために必要な係留施設を港湾管理者である千葉県や国へ要望した結果、平成22年4月に延長500m、栈橋形式としては日本最長の水深7・5m岸壁を有する「館山夕日桟橋」が供用開始となり、クルーズ船や高速ジェット船、官民の多様な船舶が寄港可能となりました。

また、桟橋と一体となったターミナル機能を有した海辺の拠点「〝渚の駅〟たてやま」の整備をすすめてまいりました。

この「〝渚の駅〟たてやま」は館山夕日桟橋の袂にあり、地域の海洋民族博物館を核として、館山湾を一望できる「展望デッキ」や湾内に生息する魚や生き物が鑑賞できるミニ水族館「海辺の広場」などを整備して平成24年3月にオープンしました。その後、平成26年11月には地産の生鮮品やお土産の購入できるマルシェやレストランが完成し、平成27年12月に館山ふるさと大使の「さかなクン」が〝渚の駅〟たてやま名誉駅長に就任し、博物館内にさかなクンの描いた絵や愛用している楽器などを展示した「さかなクンギャラリー」を開設しました。

加えて平成27年には「恋人の聖地」に認定、平成29年2月に「みなとオアシス」に登録いただきました。そうした中、昨年には来館者が200万人を超え、海路を利用して訪れる方のみでなく、陸路からの観光客、市民の利用など、東京湾口の海と陸との結節点として人気の高い施設となっています。

また、施設の整備に併せて官民の多様な船舶を誘致するために、積極的なポートセールスを行いました。館山夕日桟橋が完成する以前はクルーズ客船の寄港はテンダーボートに

〝渚の駅〟たてやまと館山夕日桟橋に接岸したにっぽん丸

よる上陸であったにもかかわらず、平成15年の「にっぽん丸」をはじめ、平成17年には「ぱしふぃっく　びいなす」に寄港していただきました。特に「にっぽん丸」は館山湾で開催される花火大会を鑑賞する自社クルーズを毎年企画いただき、人気の定番商品となっていると伺っています。

定期航路の就航に向けた取り組みとしては、昭和42年まで就航していた東京～館山～大島航路を復活させるため、高速ジェット船を運航する東海汽船㈱と連携し、平成17年から春の季節運航を実施していただいています。その他にも帆船「日本丸」をはじめ、自衛隊艦艇や海上保安庁の巡視船、国土交通省所有の浚渫船、大学等の研究船など数多くの多様な船舶の寄港、一般公開などにより、多くの人々が館山港に集まるようになり、港を中心とした賑わい空間の創出により、地域経済の活性化に繋がっています。

結びに、昨年の「令和元年房総半島台風」から早いもので1年が経過しましたが、現在も館山市内には大きな爪痕が残っています。また、その後の新型コロナウイルス感染症の拡大もあり、館山市の経済や観光は大きなダメージを負っています。しかしながら、館山夕日桟橋や〝渚の駅〟たてやまにはお客さんが徐々に戻ってきました。これからも市民をはじめ行政や企業・団体等が共に力を合わせ、支え合い、この困難に立ち向かっていけば、明るい未来が待っていると信じています。「海」、「港」から館山市をそして千葉県、日本を元気にしていきたいと考えています。

港開放で健全な釣りを

北海道新聞ホットメディア 社長（公益財団法人日本釣振興会 北海道地区 支部長）　北野 宏明

中国にこんな古い諺があるそうです。

「一時間幸せになりたかったら酒を飲みなさい」
「三日間、幸せになりたかったら結婚しなさい」
「永遠に、幸せになりたかったら釣りを覚えなさい」

新型コロナウイルスによって、私たちの生活は一変しました。「密」が問題になり、レジャーも変化を求められてしまいましたが、ポスト・コロナ時代にぴったりなのが、密を避け爽やかな風を受けて、楽しむことができる釣りではないでしょうか。とりわけ、自然豊かな北海道こそ、可能性が大きいと思います。釣りを通して地域の活性化を、と申し上げたい。

私も小学生の時に小樽で釣りを楽しみました。もう、半世紀以上前になりますが、初めて小サバを釣り上げたときの感動を思い起こすと今でも体が震えてきます。北海道新聞社入社後は東京で永田町取材に追われ、残念ながら、釣りに親しむチャンスに恵まれませんでしたが、2020年6月に北海道新聞社常務（編集担当）を退任、北海道新聞ホットメディア代表取締役社長に就任すると同時に公益財団法人日本釣振興会（日釣振）北海道地区支部長を仰せ付かりました。これを機に健全な釣りの振興に邁進したいと決意を新たにしているところです。

北海道は、太平洋、日本海、オホーツク海と3つの海に囲まれています。これらの海を暖流と寒流が貫いており、プランクトンも豊富で、国内有数の漁場です。その好影響で、道内各地の漁港や港湾は格好の釣り場となっています。四季折々、豊富な魚種が釣り人を魅了してやみません。日本における陸（オカ）釣りの中心地・北海道といえます。

今回、「釣り文化振興モデル港」に指定された苫小牧港東港区内防波堤（A）も魚種が豊富な釣り場です。

サクラマスが3〜5月、カレイ類は5〜6月がピークで、サバは6〜7月に強い引きとともに35センチの良型が釣れます。アイナメ（道内ではアブラコ）とクロソイ（同クロゾイ）は5〜11月に狙え、マイワシは8月から翌年2月まで。ブリの幼魚、フクラギは7〜9月に上がります。チカも手軽に釣れ家族連れで楽しめる場所です。

道内は温泉が各地にあります。釣りを楽しんだ後に、温泉に浸かり、「みなとオアシス」

港湾の釣り施設の例
（新潟港東港区第2防波堤）

や「道の駅」で地域の特産品を買って帰宅する。同時に、子供たちに「海の豊かさを守ろう」というSDGs（持続可能な開発目標）の課題を生きた教材を手に現場で教えることができます。

もちろん注意も必要です。

「そりゃ、海は優しくて、めっぽうきれいだ。でも、同時にひどく冷酷になったりもする。それもいきなり変わるのだ」。ヘミングウェイの「老人と海」（高見浩訳、新潮文庫）の一節です。

2009年12月夜、7人の釣り人が苫小牧港東港区からプレジャーボートで、沖合の防波堤（沖防）に向かい、釣りを始めましたが、ボートが強風、高波で転覆し6人が死亡する事故がありました。当時、立ち入り禁止の防波堤釣りやモラルに欠ける夜釣りが横行していました。今も釣り人のマナー違反や警察の指導が後を絶たないのが実情です。

日釣振北海道地区支部は、事故の教訓も踏まえ、厳格なルールと管理の下での同防波堤の釣り開放について、港湾管理者である苫小牧港管理組合と昨年以来、話し合いや勉強会を続け、安全対策をはじめ開放の可能性を協議して参りました。何度も実施した釣り調査

ファミリー、女性等でも安全に楽しく釣りが出来る場所の提供を実現（熱海港）

などの結果も踏まえて国土交通省港湾局に「釣り文化振興モデル港」の申請をした結果、指定を受けることができました。モデル港指定によって、同省から協議会等の効率的な運営に関する技術的な支援を受けられるのは非常にありがたいことです。２０２１年夏の釣り場としての開放を目指しており、ファミリーに安心、安全な、釣りを心ゆくまで楽しめる場所を提供したいと願っております。指定を弾みに釣りが健全なレジャーとして発展し、地域振興につながるように努めてまいりたいと思います。

さらに重要なことは事故防止対策です。現在、モデル港に指定されて釣り場として開放されている港は、全国に数港あるそうですが、日釣振本部によれば1件も死亡事故が起きていません。釣り場開放は、事故防止のために、釣り人だけでなく港湾管理者、関係機関が知恵を絞った結果であり、意義深いと思います。

高波に耐えてきた防波堤が、釣り場として新たな活躍の場を与えられる。そう考えると、今回の苫小牧港をキックオフに、北海道各地の港で実現できたらと、願わざるを得ません。夢はどこまでも広がっていきます。

来年夏の本格開放を目指している
苫小牧港東港区の内防波堤（A）

みなとを中心に発展してきた島のこれから

元気な島づくり事業推進協議会 会長　古賀 達也

《1 宗像大島と港の紹介》

私の住んでいる宗像大島には、大島漁港と宮崎漁港と大島避難港の3つの港があります。港湾種別としては、地方港湾、避難港、第2種に分類されています。大島漁港と宮崎漁港は漁港としての機能、大島避難港は宗像市本土への交通手段としてフェリーの岸壁があります。どちらの港も福岡県宗像市の本土側に位置し、古くは帆船の中継地として知られております。

今ではおよそ600人の人口ですが、かつては2000人もの人口を抱えており、漁師町として栄えてきました。漁業とともに、漁師の無事を祈る神への信仰も厚く、昔から宗像大社中津宮を中心に神事が行われてきました。毎年10月に行われるみあれ祭は、神職と大島の氏子達が、宗像大社沖津宮の御分霊を御座船で沖ノ島までお迎えに行き、宗像大社中津宮のご分霊と共に海を渡ります。漁民が一年の豊漁と安全に感謝し、神郡宗像に秋の訪れを告げる神事としても知られています。ご存知だと思いますが、2017年『神宿る島』宗像・沖ノ島と関連遺産群として宗像大島にある宗像大社沖津宮遙拝所と宗像大社中津宮等がユネスコの世界遺産リストに登録されました。それを契機に、メディアからも注目されるようになり、以前よりも多くの人に宗像大島が認知されるようになりました。

《2 交通と天候》

宗像大島の対岸は宗像市神湊漁港です。その間の海峡は約7㎞、玄界灘と響灘の境目となっています。大島港と神湊漁港の間には、フェリー「おおしま」が5便、旅客船「しおかぜ」が2便、2時間おきに往復しており、所要時間はフェリー25分、旅客船15分です。

九州の北側の海岸であり、冬の季節風で時化ることが多いのですが、関係者の努力とフェリーの大型化で欠航は年間わずか数便に抑えられています。

《3 産業と港》

宗像大島は大消費地の福岡市と北九州市の中間にあります。また、宗像大島対岸の宗像市江口には平成20年にオープンした「道の駅むなかた」があります。新鮮な魚介類が人気で、九州では1、2位を争うほどの売上です。大島で獲れた魚介類や加工品も「道の駅むなかた」で販売しております。大島の主な漁業は小型まき網、刺し網、鰆一本釣り、イカ一本釣り、素潜り漁などで年間を通じて様々な漁業が営まれています。漁場環境の変化などにより全体の水揚高も最盛期の3分の1くらいまで減少しているものの、「道の駅むなかた」ができたおかげで、何とか経済は回っているように感じます。また、今はありませんが大島村当時島内には県内3本の指に入る牧場があり、大島村の時代には約３００頭の黒毛和牛が、漁業と共に島の産業を支えていました。

現在主要産業である観光は、世界遺産登録で脚光を浴びたおかげで、登録後から土日の来島者は以前よりも増えました。平成23年4月にオープンした海洋体験施設『うみんぐ大島』は、大防波堤や海上釣堀やプレジャーボートステーションが整備されています。釣りが楽しめる他、シーカヤック、磯観察、魚さばき教室など、海に関する様々な体験メニューがあり、幅広い客層に好評です。その他ターミナル周辺は、ウォーキングや電動アシスト付自転車をレンタルしてのサイクリングが楽しめるなど自然環境を活かした観光・レジャースポットとして注目を集めています。また、世界遺産の総合紹介施設である大島交流館、宗像漁協大島物産直売所『さよしま』が新たに整備されました。

観光につきもののお食事は、大島港周辺に7軒の飲食店があり、その2～3店舗は、ここ数年で増えたものです。大島特産の甘夏や魚介類を使ったメニューを取り入れ、海を見ながら食事ができるお店が多いです。

宿泊に関しましては、旅館・民宿・民泊が12軒あり、旅館・民宿は経営者の高齢化が進み継続が厳しくなっていっている施設が多いのが現実です。しかしながら、最近では若者が島の環境を活かした民泊を始めたりと新しい動きも出てきています。宿泊者は大きくは増えていませんが、昔は釣り客ばかりだったことを考えると、将来は明るく感じます。

《4 残された課題》

人口減少が著しく、少子化も進んでおり、２０１８年4月より小中学校が統合した、福岡では2校目の小中一貫校として大島学園が9年間の義務教育を行っております。中学卒業後は、島外の高校へ行くために親元を離れ寮に入り、そのまま進学、就職といったケースが多いです。

新設の観光施設では、新しい仕事が生まれていますが、定住者が減っているため働き手不足となっています。そういう状況の変化があり、島外に出ていった若者が、島内で就職することが増える事を願っています。さらに光明として、光回線が開通し、インターネット環境は改善されています。それも島へ帰ってくるきっかけになるかもしれません。

《5 提言、まとめ》

「『神宿る島』宗像・沖ノ島と関連遺産群」の世界遺産により、観光に関しては恵まれた環境にあります。漁業の停滞や人口の減少はありますが、世界遺産登録による仕事や交流人口が増えてきています。宗像大島を出ていった若者をなんとかして島内定住に戻さなければなりません。

そのために、今までの産業（漁業や観光）ばかりではなく、都会にいなくてもできる、若者向けの仕事を増やす必要があります。ターミナル近辺に、島外の若者と島民を繋ぐ拠点があり、そこで移住や雇用が生れる手助けになると、また新たな観光地として賑わいを作っていけるのではないかと思います。

三池港とともに

三池港物流株式会社 代表取締役　谷村　徹

三池港は、福岡県大牟田市にあり、有明海に面しています。

三池炭鉱で採掘された石炭を、大型船で効率的に積み出しするために造られました。『……明治三十五年以来實に七個年の歳月と数百萬円に達する巨費を投じ當事者が心血を注いだ三池港が我国有数の人口湊として明治四十一年開港するに及び運輸の業態は換骨奪胎して正に画期的の発展を来したのである……』「三池港務所沿革史」（昭和17年編纂）の記載です。

築港の指揮に当たった「團琢磨」（三井合名理事長、日本経済連盟会長など歴任）は、次の様に述べておられます。『石炭山の永久などという事はありはせぬ。無くなると今この人たちが市となっているのがまた野になってしまう。……石炭が無くなっても他処の石炭を持ってきて事業をしてもよろしい。その土地が一の都会になるから、都会としてメンテーンするについて築港をしておけば、何年もつかしれぬけれども、いくらか百年の基礎になる。』

三池炭鉱は、1997年、長い歴史に幕を閉じました。これを機に、三池港の取扱貨物が大きく変わり、インフラの整備が促進されます。

１９９６年度に荷役した貨物は、三池炭払出２４６９千ｔ及び一般貨物揚げ積み１１７８千ｔでした。２０１９年度では、一般貨物１２５２千ｔ及びコンテナ１０１５８ＴＥＵ（実入り）になりました。２００６年から釜山間の外貿コンテナ航路が開通しております。一般貨物も、発電用燃料のパームヤシ殻が加わるなど変容しています。

重要港湾には港湾法が施行された１９５１年に指定され、１９７１年には福岡県が港湾管理者になりました。しかし、三池炭が主要貨物だったこともあって、公共化は遅れていました。１９９７年以降、福岡県は、主力の３つの岸壁のうち２つを順次取得して公共埠頭にし、その後背地を整備してコンテナヤードにしました。更に、有明海沿岸道路（自動車専用道路）事業がアクセスを格段に向上させました。２００８年に部分開通し、２０１７年には三池港インターチェンジから大川市まで直結しました。本年は筑後川を渡って佐賀県に入り、いずれは鹿島市まで延伸される計画です。

港が誕生して１１２年、炭鉱が閉山して23年。「團琢磨」の目論見通り、三池港は物流拠点として元気に稼働しています。

次に、三池港の観光面に触れます。有明海は、長崎県、佐賀県、福岡県、熊本県に囲まれ、４県を一望できます。しかし、大牟田市の大半の海岸は工場などにより遮断されています。三池港もトラックの往来が多く、市民が容易く安全に海に接する場所や機会は限られていると言えるでしょう。

こうした中、「明治日本の産業革命遺産　製鉄・製鋼、造船、石炭」が、2015年にユネスコの世界文化遺産に登録されました。8県11市23の資産で構成されており、そのうちの一つが三池港です。その象徴的な施設が「閘門」です。5・5m以上になる干満の潮位差への対策として、干潮時には水門を閉じて、船渠内を一定の水深に保ちます。写真は、観音開きの扉を閉じようとしているところです（手前が船渠内）。海水への耐性が非常に高い南米産木材からステンレスへと扉の材質は変わりましたが、ほとんどの設備が築港当時のまま現役で活躍しています。船渠内は、船舶の避難場所にもなります。台風来襲時には、有明海を往来するフェリー船などが集合します。

港を広域的な交流拠点にしようと、行政・市

民団体・経済団体・企業などが協力して取り組む行事があります。毎年文化の日に開催される「三池港浪漫フェスタ」です。２０１９年には、閘門見学会（福岡県）、海洋環境整備船の体験航海（国交省）、えびすくい・たこつかみ（漁業組合）などが行われました（残念ですが、本年は新型コロナウイルス感染拡大により中止です）。

また、夕日と海面に反射した光が、航路の先から閘門を通って船渠内まで一直線になる時があります。毎年1月と11月頃、それぞれ約10日間です。「光の航路」と名付けられ、写真撮影に訪れる人が増えています。

当社「三池港物流」は、三池港で港湾運送事業を営んでいます。三池港発足に端を発し、炭鉱を経営した「三井鉱山」の事業所や子会社化などの変遷を経て現在に至ります。三池港とともに積み重ねた歴史への感謝と矜持、三池港とともに歩んでいく未来への責任と使命があります。荷主や行政はじめ港の全ての関係者に謝恩し、港湾運送と地域企業として為すべきことを通して、三池港の活性化に尽力してまいります。

港があるから出来る地域興し、人興し

株式会社ホライゾン 代表取締役　中山 桃

私は神戸に生まれ神戸に育ちました。日本を代表する港町です。港は私にとって、幼いころからとても親しみのある場所です。両親や周りの大人からも港にまつわる面白い話や、歴史等、実に様々なことを話し聞かせてもらった記憶があります。幼い私の心にも、港は世界とつながっていて、何か素晴らしく、果てしない未来が拓かれているように思えました。それから港はずっと好きな場所。海の向こうには自分の知らない国があり、いつか行ってみたいなどと考えていたことも思い出されます。できれば将来、港に関係する仕事がいいなと漠然と考えていました。しかし現在と違って、私たちが就職するころはまだまだ男社会で、ましてや港は石原裕次郎のイメージ、女性の仕事なんてありませんでした。港は港でも空の港は女性を採用する職種もいくつかあり、結局私は、空の港と関係する仕事をすることになりました。その後、自分で企画の仕事をはじめ、ご縁があり、港湾関係のお仕事をさせて頂くようになりました。

ここでは、それらの経験の中から、私が是非勧めていただければと思う港町ならではの歴史や文化を活用した地域興し、ひいては人興しについてお話したいと思います。

広島県南西部にある呉市。江戸時代は小さな漁村に過ぎなかった県が、急激な発展を遂げたのは明治22年（1889）のことです。旧海軍が、ここに鎮守府を置いてからのことです。世界最大級の戦艦として今も語り継がれる「大和」は、第二次世界大戦中にこの軍需工廠で造られました。町は連合軍の激しい攻撃を受け、半分近く灰燼に帰しましたが、港湾工業都市としての技術の蓄積により、戦後、大企業が続々と進出し、町は以前にもまして、活況を呈するようになりました。そのこと自体素晴らしいことですが、もっと素晴らしいことは、全国でもここでしか経験できない潜水艦を見ることが出来る公園「アレイからすこじま」を整備し、旧海軍工廠のレンガの建物が並ぶレトロな雰囲気の街並みを生かし、さらに、２００５年には戦艦大和をテーマとした海事博物館（大和ミュージアム）を建設して、呉ならではの港町の歴史と伝統を新しい観光資源として地域興しの核としていることです。港は様々な歴史や文化の宝庫です。このような観点から全国を見てみると、古代における中国や朝鮮半島との交流の拠点となった港町や、江戸時代の北前船による港町（酒田、新潟等）、明治維新による開港の港町（横浜、神戸等）、あるいは我が国の列島を繋ぐ大動脈であった連絡船の港町（函館、青森、宇野、高松）等等、わが国の発展に大きく寄与した魅力一杯の港町の歴史遺産や文化遺産が発見されます。これらの活用により、現代の新しい地域興しの柱とすることが期待されます。その為にも、各港にある港の博物館とそのネットワークをもっと有効活用することが重要ですが、私が訪ねた港の博物館、素晴らしいと思っていた「なにわの海の時空間」が取り壊されたと伺って、とても残念でした。菱垣廻船を復元された立派な船はどこへ行ったのでしょう。このようなことが繰り返されないように皆さん頑張りましょう。

以前「瀬戸内・海の路ネットワーク推進協議会」のお仕事で瀬戸内海の島々を実際に取材し、瀬戸内海にある生口島ご出身の平山郁夫画伯のお話を鎌倉のご自宅でお伺いした時のことです。

画伯は、子供時代のことを語ってくださったのですが。『冬はコートを着たことがないくらいに暖かい島だった、夏には島や海は陽光に溢れ、海面が太陽の反射できらめいていた。海岸に漁船が係留されていて、漁船の揺れる波音が単純な音楽の子守歌となって心地よかった』と、一日一往復の尾道港と瀬戸田港との連絡船がつくと、乗船客が都会の空気を運んできたのを子供心に感じたそうです。台風などで船が欠航すると、島に閉じ込められ動けなかった経験もあった等、懐かしそうにお話し頂きました。そして最後に、やはり幼少期に海辺で過ごした経験が、後年画家となり「群青」を好んで使用するのも、原点は生まれ故郷にある事を感じると仰っていました。日本は周りが海に拓かれているにも関わらず、海や港や船を使った青少年教育、臨海学校などが危険ということで行われなくなっていると聞いたことが在りますが、小、中学校時代の体験は、画伯のお話のように人格形成にも重要な意味を持つのではないでしょうか。停止されているなら是非再開してもらいたいですね。

港があるから出来る地域興しや人興しの役割について、私が日頃感じていることを述べましたが、これらを円滑に実行するためには、関係する公的団体や私的団体をはじめ個人個人のネットワーク（例えば港のオアシスで活躍しておられる方々が他のオアシスの方々と結ぶネットワーク等）が重要になり、就中、相互の連携が重要です。さらに忘れてならないのは防災や災害時の支援等、地域のネットワークが果たす役割は山積みです。さあ、すぐに始めましょう。港を生かしたネットワークづくりを。

新しいみなとまちづくりを考える

一般財団法人みなと総合研究財団 理事長　山縣 宣彦

「みなとまち」は、「港」が「湊」とか「津」とか呼ばれた時代から、脈々と人々の生活に関わってきました。江戸時代までは、海運は北前船に代表されるように、人や物の輸送を担う中心的手段であり、その活動の起点である「みなとまち」は大変華やかな場所でにぎわいと文化の中心地だったわけです。明治の開国以降、産業革命や物流革命等、取り巻く環境は急激に変化し、こうした時代背景に、みなとまちにも栄枯盛衰の歴史がありました。

我が国におけるみなとの再開発は昭和60年代に始まり、横浜MM21、小樽運河再開発、門司港レトロ等全国の港湾で様々なプロジェクトが推進されました。しかし、低迷する経済の動きと軌を一にするように、一部の地区を除き、積極的な動きが起こっていません。

近年、みなとまちを取り巻く自然・社会環境は着実に変わってきています。災害の凶暴化、物流サービスの高度化、クルーズという新たな需要への対応、高度成長期に整備された港湾施設の老朽化等、求められるニーズは確実に高度化、複雑化しています。そうした中で、如何に地域を満喫でき、誇りを持てるみなとまちづくりをしていくかが大きな課題となっています。

一方、それぞれの「みなと」には、固有の歴史、文化があります。その風土に根差したビジョンにより、市民の日々の生活での安寧感を保つことも必要です。さらに、我が国に漂っている近年の閉塞感を打破するため、夢のあるプラン作りも求められています。

ところで、新しくみなとまちづくりを考える上では、これまでの手法や考え方にとらわれない大胆な発想も必要です。特に、時間的視野の長期化と空間的視野の広域化が必要です。短期の目標スパンではなく、30年、50年という長期のスパンで、現況にとらわれないビジョンを描き、逆算的に近未来のみなとまちづくりを考えていく。また、対象エリアも一つの地区に限定せず、港湾全体の再編も意識し、そして近隣港湾群も含めた広域での機能再編も視野に入れて考える。例えば、東京湾奥、大阪湾、北部九州等、個別の港湾で構想を練ることに加え、エリア全体の機能再編も含めた構想を具体的に考えることで、限られた貴重な港湾空間を有効に活用し、地域全体の港湾空間の大胆な機能展開も可能となります。

さて、みなとまちづくりを考える上では、国内外の事例に学ぶことも重要です。既成概念にとらわれない発想によるハードな施設創りやソフトな施策等、世界には驚くような処方箋となる事例が溢れています。本稿ではいくつかの特徴的な大小さまざまな事例を紹介します。

・コペンハーゲンでは、時代とともにみなとまちの積極的な改変が行われています。特記すべきは既存施設の積極的なリユースです。レンガ倉庫をホテルに改修する、巨大サイロやドッグを、その外形を残しつつ住まいやオフィスの空間に使う等、目から鱗の発想です。

・港湾には、一般的にシンボル的な施設は多くありません。ハンブルクの再開発地区には、巨大なレンガ倉庫の上にシンフォニーホールやホテル等を有する大規模な複合施設を設けました。中段の回廊からは、眼下に市街地や欧州最大規模のコンテナターミナルを望むことができ、みなとのランドマークとして賑わいの中心地となっています。同じようなランドマークとして、アントワープ港の斬新な港湾局庁舎やスウェーデン・マルメ港の奇抜なデザインの「ターニング・トルソ」と呼ばれる高層マンションがあります。

・ジェノバでは、国際博覧会を契機に旧市街のみなとまちの再開発が行われました。発祥地である旧港地区では街並みを残し、ふ頭のたばこ工場をガラス張りに改修した博物館から見える景色は、この街並みも展示の一部として包含するような見せる工夫をしています。

・災害への対応は世界的な課題です。ドイツでは高潮被害が深刻で、エルベ川に位置するみなとまちでは、色々な工夫が取り入れられています。ハンブルク港の再開発地では、高潮災害時と通常時の使い分けのために、複合ビルの1階は高水時には水密扉で防御する構造としています。極めて合理的な考え方による災害との共生型のみなとまちづくりです。

・小名浜港では、利用度の減ったふ頭を水族館に転用しました。沖合の暖流と寒流の潮目をテーマとする展示をし、敷地には海水を入れたジオトープを設け、海と一体となった演出を行い、新たな集客施設で賑わいが戻ってきました。

・瀬戸内国際芸術祭は、讃岐の島々を舞台にした芸術祭で、毎回来場者は増加しています。高松港や直島、男木島、女木島、豊島等のまちなかに国内外の芸術家のアート作品が置かれ、賑わいを創出しています。また、地元の市民との共同作業を通じて、人々のふるさと発見の動機付けにもなり、島の人口の増加にも寄与しています。

・清水港は景観に配慮したみなとまちづくりの代表港です。富士山を借景とし、色彩計画により統一する取り組みは、特筆に値します。一方、コペンハーゲンでは、廃棄物処分施設の煙突にデザインを施しています。煙突やタンク等はみなとの空間に違和感を与える施設群ですが、色彩やデザインの導入で、その存在感を和らげ、逆に魅力に変えることも可能です。

・国内外の成功例を見たとき、まずは人流と物流を分離しつつ、車に依存しなくてもよい移動環境を用意し、回遊性を確保することが重要です。そこに住み働く人々がみなとまちを容易に実感できる環境が、持続可能なみなとまちづくりには不可欠と言えます。

7つのメッセージ

第6章

【安全・安心】

国土や地域を脅威・リスクから守る!

二段防災による国土強靭化

高知工科大学 学長　磯部 雅彦

《1 津波に対する二段防災の始まり》

１９９５年の阪神淡路大震災を契機として、レベル１と２の地震動が定められ、それぞれに対して求められる構造物の性能を規定し、照査することになりました。その後、２０１１年3月11日の東日本大震災では、レベル１と２の津波が定められ、２段階で地域の防災（ここでは防護と減災を含む広義の意味で使う）の目標を設定することにより、津波の総合的な防災システムが構築されることになりました。この二段防災のシステムはより明確で総合性・完結性を有し、従来の防災の枠組みを大きく進化させたと言えます。

従来は、基本的には単一の既往最大（過去の最大）のハザード（災害の発生原因となり得る津波などの危険な現象）に対して安全にするという目標が定められ、対策が取られてきました。しかし、内閣総理大臣の諮問により設置された「東日本大震災復興構想会議」では、２０１１年6月25日に防御できない津波に対する「減災」という考え方が示されました。これを受けて中央防災会議の「東北地方太平洋沖地震を教訓とした地震・津波対策に関する専門調査会」は、6月26日に中間報告を取りまとめました。そこではまず「発生頻度は極めて低いものの、発生すれば甚大な被害をもたらす最大クラスの津波」レベル（レベル2）を想定し、「住民の生命を守ることを最優先として、どういう災害であっても行政機能、病院等の最低限必要十分な社会経済機能を維持することが必要である」としました。そして、「比較的頻度の高い一定程度の津波」（レベル1津波）に対しては「人命保護に加え、住民財産の保護、地域の経済活動の安定化、効率的な生産拠点の確保の観点から、……海岸保全施設等の整備を進めていくことが求められる」となっています。さらに、その翌日の6月27日には、海岸保全に関わる農林水産省・国土交通省の4部局の下に設置された「海岸における津波対策検討委員会」において、設計津波（レベル1津波）は数十年から百数十年に一度の津波とされ、7月11日付で国から通知されています。

これらにより、レベル1、レベル2という2段階の津波を設定することにより、防護施設と避難態勢を統合化し、総合的に地域を守るという枠組みが作られました。法的には、前者が「海岸法」、後者が2011年12月に制定・施行された「津波防災地域づくりに関する法律」によって裏付けられています。

《2 二段防災の高潮対策への広がり》

津波に加えて、近年のニュースなどから実感できるように、洪水や高潮などの水災害が激化しており、その一原因として気候変動の可能性が考えられています。そのような背景の下で2015年に水防法が改正されました。そこでは、想定最大規模の洪水、雨水出水、および高潮による浸水区域を定めるとともに、特別警戒水位を設定して、水位がそれに達した時は情報を発信して、最終的な避難を促すこととされました。

高潮をとると、例えば人口・資産が最も集中する東京湾、大阪湾、伊勢湾の三大湾においては、1959年の伊勢湾台風の直後から、この台風を設計外力として防潮堤が建設されてきました。伊勢湾台風は高潮偏差3・4mという記録上最高の高潮をもたらした台風であり、それを設計外力としたことは、それ以後の災害が激減した結果からもその妥当性・先見性が理解できます。しかし、上陸時の気圧低下量に着目すると、1933年の室戸台風の方が2割以上大きいものでした。また、気候変動の影響による台風の巨大化も懸念されます。室戸台風を除いた過去の台風から、室戸台風の再現確率を求めると、三大湾のそれぞれについてほぼ1000年に1回であったこともあり、最大級の台風として、室戸台風級の台風が採用され、浸水想定および高潮特別警戒水位の設定作業が進んでいます。今後は、これを受けて避難態勢の整備が進むことになっています。

このような考え方は、レベル2の津波に類似したものであり、従来の設計レベル（レベル1）に対する防護施設の整備と併せて、二段防災の枠組みができたと言えます。それ以前にもそれぞれの水災害に対して、防護施設の整備とハザードマップの作成を通じて、二段防災の体制になっていたともいえます。しかし、「最大規模」という表現が明確化されたことによって、施設の設計レベルを超えるハザードに対する減災対策を含めた、総合的な防災対策が構築されるようになるという進化は極めて意義が大きいと思われます。これを実現することにより、どのようなハザードも国難となるような災害を起こすことのない、総合的でレジリエントな防災体制が構築できます。

《3 沿岸域の強靭化に向けて》

過去の海岸防災を見るために、図1は、台風による被害と、台風の規模および海岸保全施設の整備状況の経年変化を示します。終戦直後の1950年代まで、毎年のように多数の犠牲者を出す災害を被っていましたが、1960年代以後は犠牲者数が激減しています。これに対応して終戦直後に比べて1960年代から1980年代までは、台風、高潮のレベルが低く、比較的静穏な時期であったので被害が小さかったことがわかります。そして、その間に海岸保全施設の建設が急速に進んだために、1990年代からは台風、高潮が再び高いレベルになっているのに、被害は増えていません。この意味で、戦後の海岸保全は極めて有効であり、防災面から高度成長を支えたと言えます。

しかし、2018年の21号台風では大阪や神戸で既往最高潮位を超えたように、近年の高潮は以前よりも高い値が記録されています。気候変動によってさらに増大する可能性を考慮すると、これまでの施設整備の水準では長期的に十分な防災ができるとは考えられません。

以上を勘案して今後の沿岸域防災を考えます。二段防災のシステムは、レベル1のハザードに対しては確実に被害を抑えるもので、また、レベル2のハザードに対しては被害を軽減し、復旧・復興可能な範囲にとどめて、災害が国難を招くことがないようにするという、レジリエントな防災システムです。ここで、レベル2の定義である「最大クラスの」を、強いて「1000年に1度の」と翻訳することは、実務での適用のために必要です。しかし、1000年

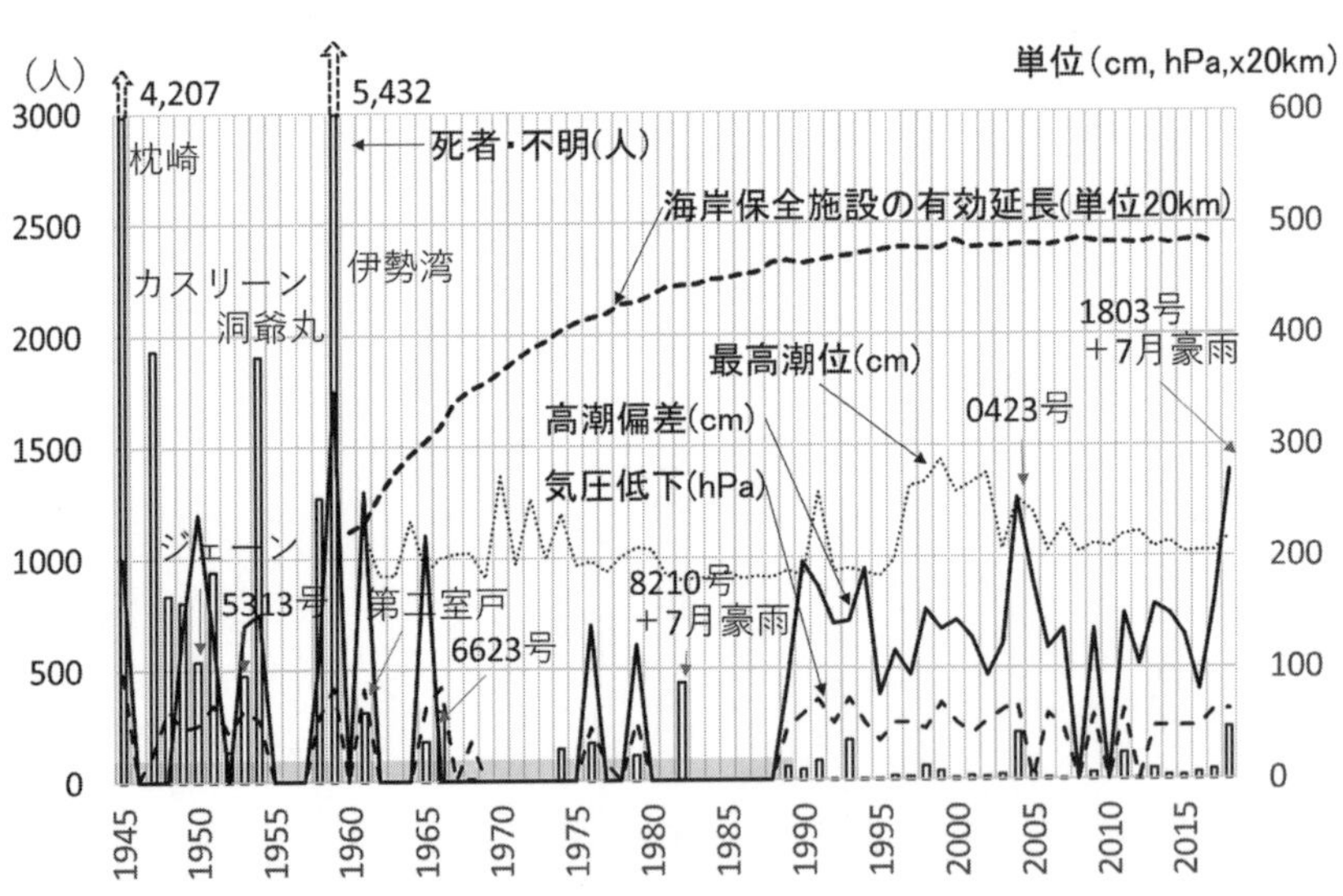

図1　各年最大の上陸時気圧低下、高潮偏差、死者・行方不明者数（一台風による）と海岸保全施設有効延長

［気象庁HP：災害をもたらした気象事例（1989年以後は台風の抽出基準が若干異なる）、海岸統計、日本海洋データセンター資料より作成］

確率でハザードマップを作ったとしても、本来の最大クラスはそれを超える可能性があるということを念頭に入れ、避難を含む減災態勢を構築しなければなりません。どんな規模のハザードに対しても、生命を守り、生活の被害を復旧・復興可能な範囲にとどめることが目標であることを忘れてはいけません。

このことから、ソフト中心の対策が考えられるレベル2に対しても、ハードを組み合わせる必要性が生じます。人口・資産の集中する大都市の高潮では、レベル2の高潮に対して越波は許容するとしても、高潮偏差分の水位上昇に耐えて越流を起こさない堤防が必要です。また、港内や海水浴場のような堤外地については、防護区域外にあるために、レベル1対策のない対策となってしまいます。したがって、避難態勢とともに、重要施設の水密性の確保などを進めなければなりません。なお、二段防災のシステムでは、レベル1のハザードには、国による経済、社会状況に応じて設定できる柔軟性があるので、これを適切に設定することにより、外国でも適用し、国際貢献を果たすこともできるのです。

戦後の海岸防災は大きな成果を収めてきましたが、近年のハザードの激化に対応しながら、防災に対する社会の要求水準が上がるのにも応えていかなければなりません。

クルーズ船「コスタ・アトランチカ号」でのアウトブレイクを受けて

長崎大学 学長　河野　茂

長崎での脅威の体験と言えば、個人的に忘れられないのは「長崎大水害」です。私がまだ32歳で、2年間のアメリカ留学から帰国し、1週間後の昭和57年7月23日でした。自宅のすぐ側の浦上川にかかった昭和橋が完全に流され、川沿いの道も半分以上削り取られ、車は全く通れなくなってしまいました。死者行方不明者299人であり、日本の時間雨量の歴代最高となる187㎜を記録した、凄まじい水害でした。

さて、自然災害とややおもむきを異にしますが、現在は新型コロナウイルス感染症(COVID-19)によるパンデミックで、8月末現在世界全体で2500万人が感染し、84万人が死亡しています。日本では感染者6・7万人死者1200人と少ない方ですが、マスコミ報道では政府の方針の不十分さに非難が集まっています。私たち医療従事者から言えば、原発事故のように政府などの想定が甘いことからくる、危機管理のまずさが原因と感じています。例えばPCR検査数が増えないのは、感染症に対して、平時に保険診療で認められていたPCRの検査料は癌の料金の1／4から半分ほどで、しかも検査できる条件に制限が多いため民間の検査機関や医療機関での積極的な利用が控えられていたからです。ＰＣＲ検査は極微量の遺伝子を検出する操作のため、コンタミネーションを防ぐため技量のある技師や高価な検査機器が必要とされます。今回のCOVID-19のため検査数を急激に増やす必要が生じましたが、感染症検査に対する準備が十分でなかったために、人や設備の手配ができなかったと思われます。台湾や韓国などＳＡＲＳやＭＥＲＳを経験し、その後万全の準備をした国との違いでしょう。マスコミでは全自動のＰＣＲ機器を準備すれば、簡単にできると言っているようですが、それは間違いです。唾液や咽頭スワブなどの患者検体から直に遺伝子を抽出する操作はまだ全自動にはなっておらず、ここに人材を配置しなければならず、一朝一夕にはいきません。また自動化されている部分は、キット化されているため、見かけ上はすぐにできそうですが、試薬が十分に供給されないリスクも存在しています。さらに患者情報は人がコンピューターに入力し、保険診療などと関係付ける必要があるなど、人が介する操作が減っているわけではなく、当然人件費がかかります。各病院などが人件費を投資して、検査体制を拡充しても、COVID-19の流行が終息すれば、その後は不要になる可能性もあります。多くの大学病院でもＰＣＲの機器はあるものの、1日あたりの検査数が伸びない理由は、日々の業務以上に、COVID-19の検査を増やすために新たに検査室や技師を増やすか否かという判断があるためです。現実的にはほとんどの大学病院では1日60検体で推移しているのです。COVID-19は検査だけでも問題を抱えており、薬剤や社会基盤が格段に整備された現在でも治療に至るまで手探り状態で、世界全体に極めて大きなインパクトを与えています。

このような状況のなかで、長崎市の三菱造船所香焼工場岸壁に船体修繕のため2020年1月31日から接岸していたクルーズ船コスタ・アトランチカ号で4月20日にCOVID-19のPCR陽性者が出ました。当時は長崎県内で17名の患者が報告されただけの状況であり、クルーズ船での陽性者の報告は、2月3日に横浜港で起こったダイヤモンド・プリンセス号のクラスター発生（3711人中感染者712人、死者13人）の悪夢を想起されるに十分でした。長崎県だけの対応は困難という判断で、迅速に国の関与を要請し、長崎県、長崎市、厚生労働省、災害派遣医療チーム（DMAT）と長崎大学による検討が行われ、困難な判断ではありましたが、全乗組員のPCR検査を行う方向でまとまりました。そしてまずは長崎大学病院の医師により428名の咽頭スワブの採取が行われ、長崎大学熱帯医学研究所が開発した蛍光LAMP法で検査を行い、その後陸上自衛隊への災害派遣要請で自衛隊医官の支援も受けて、

2020.5.1　自衛隊富士病院CT車配備

2020.4.21　咽頭スワブ採取指導

全乗組員６２３名の検体が採取され、４日間で１４９名の陽性者が特定されました。

ただ、ダイヤモンド・プリンセス号との大きな違いは、修繕目的のため旅客が全く乗っていなかったおかげで、乗組員の陽性者を客室に個室隔離して感染管理できたことです。長崎県は医師数あたりの感染症専門医が日本で最も多い県であり、理想的には６２３名の全乗組員を一旦下船させて収容する施設（例えば病院やホテル、自衛隊などの施設）に入れて個室管理をし、２週間の隔離後の陰性確認した後、迅速に帰国させるという方法がベストと考えられました。しかし、結局はダイヤモンド・プリンセス号のように乗組員や医療従事者への感染の広がりを防ぐための次善の策として、客室による個室管理が選ばれ、船内の医療は厚生労働省からの派遣医とＤＭＡＴに担当してもらい、長崎大学の医療人は、船外でＰＣＲ検体採取や入院患者の医療、さらに船内の乗組員向けに迅速に開発された健康管理アプリを用いての健康相談にあたる分業を行い、長崎県内の医療への影響を極力減らす方向がとられました。なお、大変幸運なことに、対象者が乗組員だけであったため、年齢層がダイヤモンド・プリンセス号に比較し大変若く、ＰＣＲ陽性者１４９人の内50歳以上の年齢層がわずか5％でした。そのため長崎大学病院と長崎みなとメディカルセンターへ入院した患者はそれぞれ7名、４名、合計11名で済んだものと思われます。なお、今回幸運であったもう一つの点は、ほかでもなく、長崎の港でクラスターが発生したことかと思います。長崎県には熱帯病の研究施設である熱帯医学研究所や高度な感染症医療を担う大学病院を有する長崎大学があり、感染症に係る研究や医療は全国トップクラスの拠点として知られています。今回の初動時、陽性者の経過観察、陰性確認、帰国支援のそれぞれの段階で、私（専門は呼吸器感染症）や長崎大学病院感染制御教育センター長の泉川公一教授，北海道大学医学部出身である長崎県福祉保健部の中田勝已部長の三者による協議を中心として日々発生する課題に迅速に意見交換が行われていました。このような長崎大学及び医療関係者の支援により、4月22日入院した第一例目の患者が呼吸器装着によるＩＣＵ管理下で、重症肺炎から肺血栓塞栓症を併発し、重篤な状況に陥ったものの、死亡者ゼロのままクルーズ船が出港できたものと考えられます。

今回の経験を踏まえて、今後クルーズ船を日本の港に迎える対策を考えてみたいと思います。

基本的には船内の衛生・健康管理の徹底が必要であり、国際的なガイドラインの制定と順守が望まれます。さらに寄港前の感染症対策として唾液による抗原検査（感度が低く問題は残りますが）を全ての乗客、乗組員に対して施行し、陽性者が発見されれば、濃厚接触者を含めてＰＣＲ検査のための唾液を少なくとも寄港2日前に4℃を保ったまま寄港地の検査センターに（例えばドローンを活用するなど）送るシステムの開発と陽性者受け入れ施設の準備が必要であると考えます。そのためには、例えば全国を6ブロックに分け、それぞれにその地区の検査を一手に処理可能なＰＣＲセンターに人手と機器を集中整備することが必要であると考えます。また、各埠頭にmobile hospitalを設置し、陽性者の診療、検査、トリアージ、治療を船外で行うこととし、状況が許せば、軽症者及び濃厚接触者は船内で個室管理、できない場合及び中等症以上の患者を受け入れる場合は、すぐに施設（ホテル及び病院）に移動できるような調整も前もって地域ブロック毎に行っておくべきであり、このような大型クルーズ船にも対応できる医療支援体制の構築が不可欠です。

入港後はクルーズ船管理会社及び代理店からの乗客、乗組員の正確で迅速な情報提供が必須であり、寄港地の関係機関の情報共有体制の整備、感染者発生時の法律も含めた対応方針を明確にし、感染症対応の連携体制も前もって整備する必要があります。また、出港の支援に必要な医療及び法的整備、さらには海外との連携体制の整備が必須であるほか、医療費の負担についても事前に協議し、現場の医療機関の対応を簡潔にしておくことが望まれます。

クルーズ船のCOVID-19対策は国を挙げた対策と国際的な連携体制の整備が極めて重要であり、今後、安心して、我が国の港にクルーズ船を迎える準備にかかるべきと考えます。

2020.4.29　船外医療コンテナの設置

内貿日本一位の地位と北海道胆振東部地震を経て

苫小牧港管理組合管理者／苫小牧市長　**岩倉　博文**

《内貿日本一位》

苫小牧港は昭和38年4月に「石炭の積出港」として開港して以来、古くから苫小牧市に立地していた製紙業や、港湾整備に伴い臨海部に進出した様々な企業の生産活動を支え、人口や都市規模の拡大など苫小牧市の発展に大きく貢献してきました。例えば、製紙会社で使用される木材チップなどの原材料、日用雑貨や宅配貨物の搬入、苫小牧で製造される自動車部品や、道東方面で生産される生乳の本州工場への出荷など、北海道はもとより我が国の経済や地域の人々の暮らしに欠かせない物資の輸送を支える北海道の海の玄関口として大きな役割を担っています。

特に、フェリー・ＲＯＲＯ船は週１００便を超える充実した航路があり、北海道と本州とを結ぶ物流の大動脈を形成しています。

このような背景もあり、苫小牧港での国内流通の取扱貨物量は、平成13年から18年連続して全国1位となっており、北日本最大の港湾へと成長を遂げてきました。

現在、苫小牧港に就航しているＲＯＲＯ船は、11航路、44便／週、フェリーについては、

7航路、60便／週が就航しており、船舶のリプレイスに合わせて大型化が図られており、海上輸送サービスの向上や、より効率的な輸送が図られております。

令和元年の1年間で、ＲＯＲＯ船によって運ばれた貨物量は１７８６５千トンで、20年前の約2倍に増加しており、フェリーにあたっては５８２０７千トンで、約１・２倍に増加しております。

昨今、我が国では人口減少の進展等により労働力不足が深刻化しており、物流業界では、トラックドライバー不足や労務管理の厳格化により、トラック輸送から鉄道や船舶へのモーダルシフトなどの取組が行われています。

苫小牧港での取り組みの一例として、古くなった上屋や倉庫の配置を再編して、岸壁周辺へシャーシヤードを集約することで、ＲＯＲＯ船による荷役作業の効率化や省力化を図ること、シャーシの隊列走行技術の導入や、ＩＣＴを活用した貨物情報の管理といった内容についても検討を進め、時代の変化に対応した港湾を目指してまいります。

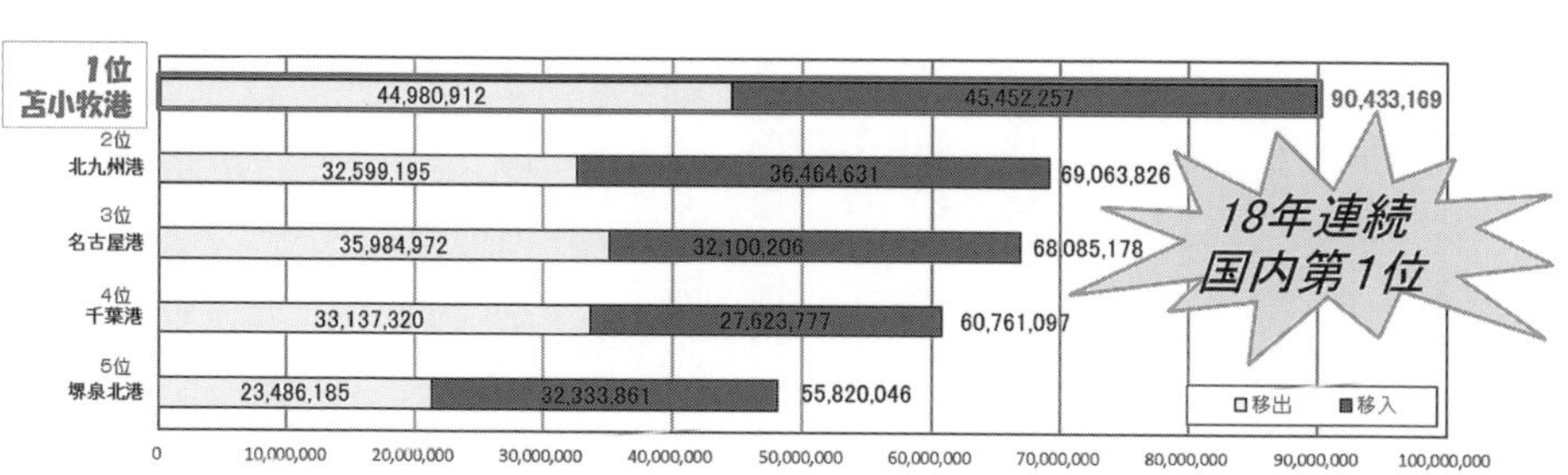

H30年 港湾取扱貨物量（内貿） 出典：国土交通省 港湾統計（H30）

《北海道胆振東部地震》

平成30年9月6日午前3時7分に発生した北海道胆振東部地震は、苫小牧市で震度5強、震源地の厚真町では震度7を観測し、しばらくこの規模の地震がなかったこともあり大変驚いたことを記憶しております。

震源地である厚真町にまたがる東港区では、埋立地の液状化現象による陥没など多数発生し、立地している北海道電力苫東厚真火力発電所が停止するなど北海道全体が停電するブラックアウトが発生しました。この影響により空路や鉄道が停止するなか、本港を発着するフェリーは地震から2時間後の午前5時に貨物や旅客を乗せ定刻通り出港し、その後も通常運航を継続できたことが被災地への支援物資搬入や道内物流確保など極めて重要な役割を担いました。

また、この地震では苫小牧市内には大きな損傷はなかったものの、約40ヵ所に及んだ本港の被害は幸いにも船舶が利用できる程度の損傷であったことから定期航路が多い本港が担う役割を継続することができました。

一方で、液状化や停電の影響により閉鎖した東港区の国際コンテナターミナルでは、被害状況の把握と早急な機能回復が必要な状況でした。一見異常が見られない舗装がされた地中部の空洞を把握するためレーダー探査車による調査を行い特定された35ヵ所の空洞を応急復旧させ、地震から5日後に沖待ちしていたコンテナ船の荷役を再開することができました。また、段差により使用できなくなったコンテナ置場の代わりに緊急で仮設のヤードを造成し、コンテナを移設してから被害個所を修復する対応を行いました。これまで、国内の港湾で発生した大地震に比べコンテナターミナル内の被害は大きくなかったものの、荷役に影響する個所を「利用しながら復旧する」という前例のない対応を行いコンテナ物流への影響を最小限にとどめることができました。

苫小牧港は、道内と本州各地を結ぶ欠かすことのできない海の玄関口として、従前から災害に強い港湾づくりを重点課題の一つとし、耐震強化岸壁を備えておりますが、今回の地震の経験をもとに、さらにスピード感をもっていち早く復旧できる体制を構築し、非常時の対応や現港湾ＢＣＰの見直す契機とし、より強靭な苫小牧港の形成を図るため、今後も課題解決に向け取り組んでまいります。

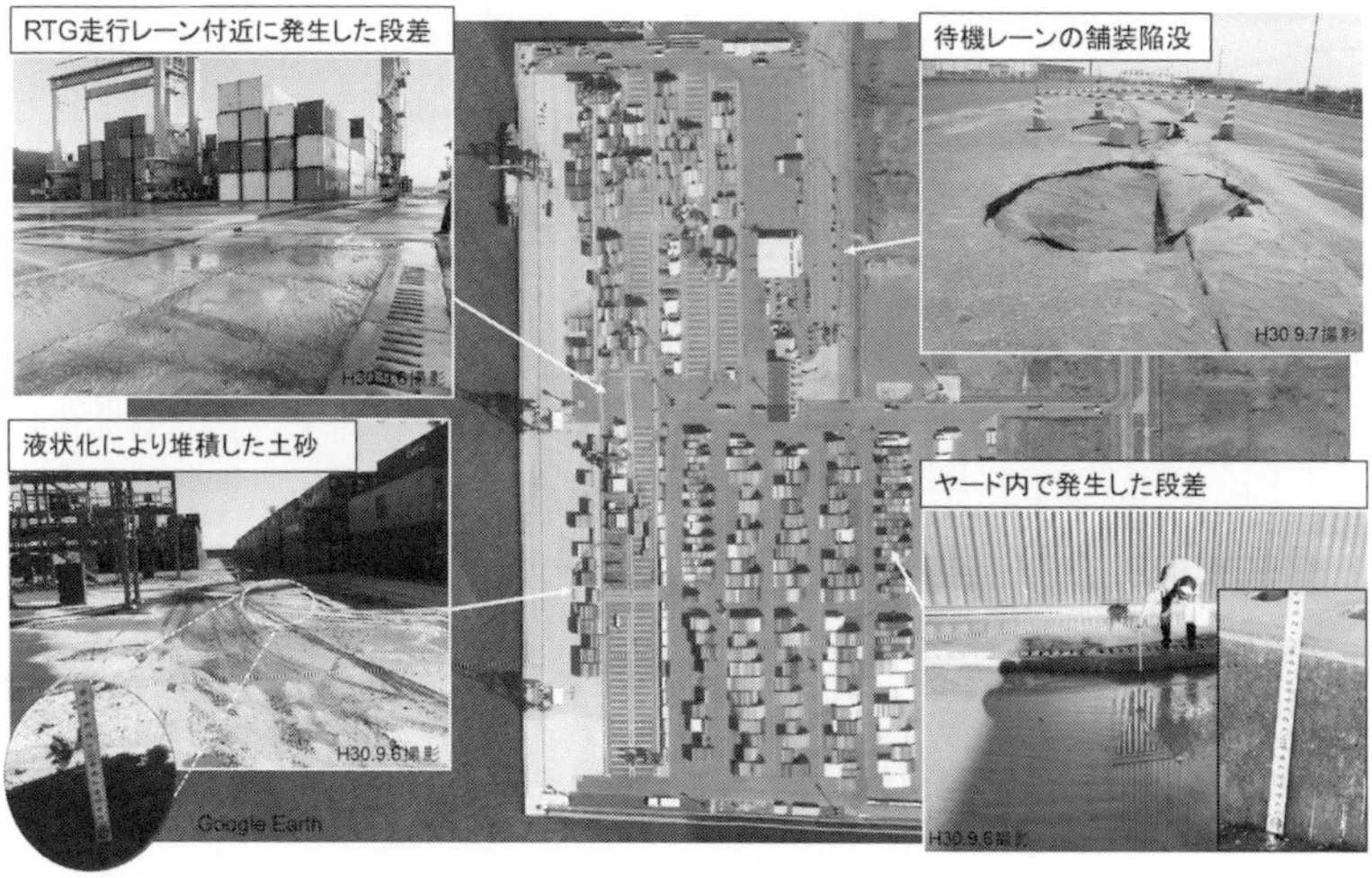

東港区コンテナターミナルの被災状況

港湾連携による回復力の高い社会システムづくり

～道央圏港湾ＢＣＰを例として～

北海商科大学 商学部 教授　田村　亨

《コロナ禍と港湾機能の維持》

「東日本大震災では、過去の災害を研究し、考案し、訓練した事だけしか、実際の役には立ちませんでした」。これは、東北地方整備局がまとめた「災害初動期指揮心得」の冒頭の一文です。この度のコロナ禍を想定していた人は少ないと思いますが、個人としても組織としても豊かな想像力を持って、考えうる事象とその対応策を練っておくべきでしょう。

社会基盤整備に携わる者にとって、地震・津波、台風、火山、豪雪などの自然外力は確率的に議論され、それが施設設計などに使われています。感染症拡大は、国内外の人やモノの流動量を減少させるばかりか、禍の長期化やグローバルサプライチェーンの見直し、世界的な産業構造の変革が進むという予測もあり、港湾に関わる者はこの不確実性にどのように対処すべきなのでしょうか。

《安全対策としての広域港湾ＢＣＰ》

国民の安全確保は政府の最も重要な使命であり、その対応は2つあります。一つは、想定外力に対して公共施設の脆弱性を下げる目的でなされる防災事業です。もう一つは、阪神淡路大震災の反省から、超過外力に対して施設の機能が損なわれても、人命を奪うような被害が生じないことを目標にする減災対応の考え方であり、被災後の回復力が問われます。

港湾ＢＣＰは、「人命救助」や「施設被害の軽減」、「施設の復旧・復興」を目的とした防災計画とは違い、「港湾物流機能の低下を最小限に抑えること」を目的として、港湾管理者や港湾物流関係者などが策定します。その内容は、危機的事象の発生後に行う具体的な対応計画（資材・人材確保、緊急輸送実施手順など）と平時に行うマネジメント計画（教育・訓練、改善など）です。広域港湾ＢＣＰも、多重化、バックアップ、代替措置などにより被災した港湾機能の回復力を上げるために作られます。

道央圏港湾ＢＣＰは、太平洋側と日本海側のそれぞれに立地する5つの港湾（室蘭港、苫小牧港、白老港、小樽港、石狩湾新港）において大規模災害が発生した際、各港湾が相互補完体制を構築して継続的な港湾物流機能を確保・発揮し、社会経済活動への影響を最小限に抑えることを目的として２０１２年4月に策定され、２０２０年5月に3回目の改定がなされました。5つの港湾は、札幌を中心とした道央圏を主要な背後圏とし、北海道の海上貨物の約7割を取り扱うなど、北海道全体の道民生活や経済活動の発展を支えています。この計画では、①船社や荷主等の代替輸送判断に資する情報収集伝達と、②被災港湾における港湾管理者機能や港湾施設の早期復旧に資する人的支援を目標にしています。

《地域社会の回復力向上を目指して》

災害対応として回復力に注目することには3つのメリットがあります。それは、①特定の自然外力以外にも効果があること、②想定の規模を超えた外力に対しても、そこまでの備えが無駄になりにくいこと、③専門的な知識と経験が必要とされる脆弱性への対応と異なり、備蓄や保険による対応のように、ボランティア、ソーシャルキャピタル、コモンズといった地域社会の余裕（バファー機能）を使えることです。

以下では、感染症拡大を含めた不確実性に港湾関係者がどのように対処すべきなのかについて、広域港湾ＢＣＰによる①生産者なども巻き込んだ地域における社会システムの余裕域の拡大、②地球環境改善を先導する企業立地の広域展開の2つから、考えてみましょう。

欧州の一国に匹敵する面積を有する北海道は、資源や人材、伝統、個性などの点で多様性があり、人々は日常的な仕事を越えて創意工夫を伴う地域活動を行っています。例えば、オホーツク沿岸の猿払村では、地域が自力で悩み知恵を出し合って、高度な衛生管理が求められるＥＵ向けＨＡＣＣＰ認証を水産加工場が取得し、ホタテの干し貝柱を苫小牧港から輸出しています。ホタテ漁師や水産加業者、海外物流業者なども一緒になって、回復力の高い港湾連携を模索することにより、不確実性を踏まえて「選ばれる広域港湾」を構築できないでしょうか。北海道には猿払村のホタテ産地のような「世界水準の価値を有する生産空間」が多様に存在しており、それを支える流通システム全体の回復力拡大が重要と考えます。

また、大気汚染と新型コロナウイルスを関連付ける研究結果もあり、この度のコロナ禍は、市場の効率性と災害からの回復力とのバランスをどのように取るかを人類に問うています。産業革命以降の都市サービスや技術革新に偏重した魅力付けを、洗練された自然が残る北海道から変えてゆくことはできないでしょうか。例えば、苫小牧港に近接する苫小牧東部開発の新計画の進め方について（２０１９年、国土交通省）に盛り込まれた「現存する再生可能エネルギーを活用する地球環境に配慮した企業の誘致」を促進することであり、その展開を道央圏港湾へ拡大する試みです。

《おわりに》

社会システムの適応力は経験に基づき徐々に培われるもので、時間が掛かります。この度のコロナ禍は、人々の働き方や暮らし方を一変させ、わが国で遅れていたデジタル化を加速させています。この革命とも言える新しいシステムづくりは、与えられるものではなく、地方から湧き上がってくる勢いが必要です。感染症拡大に伴う不確実性を好機と捕えて、地域社会の回復力を向上させる社会システムづくりが道央圏港湾から実行され、北海道や全国を巻き込んで、歴史を変える動きになることを期待いたします。

受け継がれる濱口梧陵翁の意志

広川町長　西岡　利記

広川町は紀伊半島の西、和歌山県の中部に位置している人口約7000人ほどの小さな町です。

総面積65・33㎢のうち、森林が約75%を占め林業が行われる一方、約11%は農地で果樹栽培が盛んに行われています。主に栽培される果樹である温州みかんは「有田みかん」というブランドで出荷・販売されており、口にされた方も多いかと思います。また、町の西部側は紀伊水道に面していることから古来、海とは深い繋がりのある町です。

和歌山の海岸線は、紀伊山脈を形成する山々が海岸付近まで迫り、東シナ海から流れてくる黒潮海流によって、のこぎりの歯のように削られた岬や入り江はリアス式海岸を形成しています。そのため、この複雑に入り組んだ入り江には、暖かい黒潮海流に乗って泳いでくる魚の餌となる小型の魚やエビなどが豊富に育ち、良質な漁場を作っているのです。広川町もこのリアス式海岸の恩恵を受けており、良質な漁場を活かし、底引網漁業や船引網漁業、刺網、一本釣りといった漁業が盛んに行われてきました。18世紀半ば頃から不漁が続きましたが、発展した漁業は、広川町近海を越え、鰯漁やシラス漁などは房総半島から五島列島まで漁業の範囲を拡げられ、各地との交流が生まれ、町の発展に貢献してきました。

また、広川町の海の役割は、漁業だけではありません。19世紀頃、広川町と湯浅町の間にある広川（ひろかわ）から流れ込む湯浅広湾を描いた「紀州湯浅町図」があります。この町図を見ると、湯浅広湾の沖合で、小舟で漁をする人々の傍らに、たくさんの帆船が停泊しているのが見えます。この町図には、樽らしきものを乗せて港に向かう大八車や沖合の帆船に荷を積むため、小舟に積み込む様子などが描かれています。当時、広川町を含むこの地方では、味噌や醤油醸造が盛んに行われており、また有田みかんなどの生産も増えつつあったことから、大坂や江戸にそういった物資を輸送するための港、いわゆる海運機能としても活発に利用されていたことが推測されます。海運機能の一部だった養源寺堀などの文化遺産は、町の中に歴史的風景として今も残っています。

このように、広川町は古くから海の恩恵を受けてきました。しかし、海と共に生きるには、海の脅威とも仲良くやっていかなくてはなりません。先述したように、和歌山県の海岸線は複雑に入り組んでいます。この地形は海産物を豊かに育てる一方、入り組んだ入り江に入ってくる波が重なり、増幅し、高くなることで、台風による高潮や津波による被害は大きくなるといいます。事実、広川町では幾度の津波や台風の被害に見舞われてきた歴史があります。それでも海との共存を選び、この地に住み続けた先人の意志は、どういったものだったのでしょうか。

広川町の歴史を語る上で、欠かせない人物がいます。濱口梧陵翁（１８２０―１８８５）です。

平成27年12月23日、国連総会本会議で「世界津波の日（11月５日）」が採択されました。この「世界津波の日」制定の由来となったのは、小泉八雲（ラフカディオ・ハーン）の『A Living God（稲むらの火）』の物語です。物語は、「これはただ事でない」という濱口梧陵翁の言葉から始まります。安政元年（１８５４）11月５日、紀伊水道・四国南方沖の海域を震源とした大地震が発生し、いち早く津波に気付いた濱口梧陵翁は、刈り取ったばかりの稲むらに火を放ち、逃げ遅れた村人を高台避難への道標とすることで、村人の命は救われたという物語です。実話を元にしたこの物語には続きがあります。津波で壊滅状態となった村を見た村人は、絶望し、村を出ていきます。濱口梧陵翁は一人、また一人と村を出て行く姿を見て、このままでは村が消滅してしまうと嘆き、「築堤の工を起こして住民百世の安堵を図る。」と私財を投げ打って津波にも負けない堤防を造ることを決心します。このとき、被災した村人には衣・食・住を与え、日雇いで築堤の労働者として雇い、約４年で、高さ約５ｍ、長さ約６００ｍの堤防を完成させました。

このとき、濱口梧陵翁は津波災害で倒壊した家屋の瓦礫きや土砂を堤防の盛り土として利用したとのことです。平成23年３月に発生した東北大震災では、同じく津波に被災したことで大量の瓦礫が生じ、その処理に苦慮し復興の妨げになったと聞いています。

約160年前に梧陵翁は現在でもなし得なかった方法を駆使し災害からの復興と同時に防災対策に成功しました。この偉業は同時代の地元実業家、渋谷伝八（1840─1910）が執筆した『夏の夜かたり』で書き記されています。

そして、この梧陵翁が築堤した堤防、広村堤防は後の昭和南海地震による津波から多くの人命や家屋を守りました。

令和2年（2020）は、濱口梧陵翁の生誕200年という記念すべき年です。

故郷を守り、故郷に村人を留め、未来へと続く〝まちづくり〟へ繋がる濱口梧陵翁の尊い意志は、海をはじめとする広川町の豊かな自然との〝共生〟と〝安寧〟の未来へと私たちを導いてくれています。

広村堤防

復興から未来へ、T字路から十字路へ

釜石市長　野田　武則

《復旧・復興、その先の発展期を支える社会インフラ》

東日本大震災から10年目を迎える今日、家々が流され、多くの尊い命が奪われ、残された瓦礫が無残に散乱するという悲惨な光景にあった釜石市も、この10年間、日本全国、世界各地からの温かいご支援とご協力、そして何より、そこで暮らす市民の皆様の復興にかける気概と努力によって、現在、ようやく復興の総仕上げを迎えているところです。

これまで皆様から賜りました心温まる数々のご支援ご協力に対し、衷心より御礼申し上げます。

今から約13年前、平成19年当時の釜石市では、3本の大型公共事業であった、釜石港湾口防波堤、釜石港公共ふ頭、交通の難所を切り拓く仙人峠道

復旧工事で蘇った釜石港湾口防波堤

路の完成に沸いておりました。

震災によって、その多くが壊滅的な被害を受けたわけですが、国、岩手県等のお力添えによって震災前を遥かに凌ぐスケールで社会基盤の復旧整備が進められてまいりました。

平成30年3月31日には、津波多重防護の核をなす釜石港湾口防波堤が、強靭化された上で復旧工事を完了、翌月4月30日、完成記念式典が挙行されたところです。

また、広大な面積を有する岩手県は、北上山系によって内陸部と沿岸部が隔てられておりましたが、同区間を結ぶ唯一の高規格幹線道路、東北横断自動車道釜石秋田線が、復興支援道路として加速度的に整備が進められ、平成31年3月9日、ついに全線開通を迎えました。

一方、釜石ＪＣＴを通じて東北横断自動車道釜石秋田線に接続する、青森県八戸市から宮城県仙

三陸沿岸道路・釜石自動車道の結節点「釜石JCT」

台市までの約360㎞区間を結ぶ三陸沿岸道路もまた、復興道路として鋭意工事が進められており、令和2年度中の全線開通が予定されております。

このような中、震災以降、釜石港のコンテナ物流情勢が飛躍的に進展、成長を続けており、岩手県における物流の要衝として、顕在化しつつあります。

《T字路から十字路へと変貌する釜石市》

震災から4カ月後、平成23年7月、釜石港に悲願の国際フィーダーコンテナ定期航路が開設されました。以降、年々増加を続けるコンテナ取扱量が、岩手県下初となるガントリークレーンの整備に繋がったほか、震災以降、岩手県唯一となる外貿コンテナ定期航路も開設されました。

コンテナ定期航路開設前の釜石港は、工業色の強い港湾として形成されてきましたため、釜石市は海に面している、釜石港もある、港湾インフラを活かしたまちづくりを、といった言葉を良く耳にいたしましたが、工業港湾であるが

岩手県初のガントリークレーン

故に、その恩恵を受ける人・企業は、かなり限定されておりました。

しかしながら、特にも岩手県内陸部に集積する各種産業群の輸出入貨物を釜石港に集積させることで、貿易の万能ツールであるコンテナ定期航路の開設を実現し、航路の維持、拡大発展に努めている昨今、釜石港は流通港湾としての利便性が格段に向上している状況にあり、現在、ボーダーレスにて、誰もがその恩恵を享受することが可能な状況となっております。

釜石港の近隣に物流拠点や加工貿易拠点などを構えることで、ビジネス展開上、大きな優位性を発揮していくものと考えられ、震災以降、製造業や物流業など複数社が釜石市に進出しておりますほか、これからも産業集積の呼び水になっていくものと期待しているところです。

釜石市から青森県八戸市、宮城県仙台市、岩手県内陸部の3方向へと広がる高規格幹線道路の整備が進み、手と手を取りやすくなった今、今後は海の向こうと手を繋いでいく番です。

岩手県内陸部経済圏と釜石港の流通促進は、世界共通の物流ツールである海上コンテナ輸送がその役割を担うものと確信をしております。

ヒアリから日本を守る
―バイオセキュリティが紡ぐ、豊かで安全な未来

兵庫県立大学 准教授／兵庫県立人と自然の博物館 主任研究員
橋本 佳明

《特定外来生物ヒアリの出現と定着の危機》

２０１７年5月、中国から神戸港経由で尼崎市内の事業所に運び込まれた海上コンテナ貨物から、ヒアリが初確認されました。ヒアリは強力な毒針を持ち、さらに、その女王アリは1日に数千個の卵を産んで、数十万匹の働きアリからなる巨大な巣を作るため、ヒアリが定着した国や地域では、甚大な刺傷被害だけでなく、農業や林業、工業、観光業など様々な経済活動にも大きな損害が報告されています。このため、国際自然保護連合（ＩＵＣＮ）はヒアリを外来種の中でも、特に深刻な被害をもたらす「侵略的外来生物」として警鐘を鳴らし、日本においても環境省が２００５年に「特定外来生物」に指定して、その侵入を最も警戒してきた外来生物です。中国からのヒアリ侵入は、今も続いており、２０２０年8月時点で16都道府県56件にもなっています。その多くは、コンテナ貨物からの発見ですが、大阪港や東京港、横浜港という国際戦略港湾のコンテナヤードなどで、ヒアリの営巣が確認される事例も16件に及んでいます（図1）。さらに、コンテナヤードのヒアリの巣からは、翅の有る新女王アリも見つかっています。ヒアリの新女王は２㎞ほど飛翔する

ことができ、風に乗れば30㎞ほども分散して、新しい巣を作ることが知られています。国際戦略港湾の背後には都市圏が広がっており、そのコンテナヤードでヒアリの営巣が続けば、多くの人々が暮らす経済活動の中心地が、真っ先にヒアリに脅かされる最悪の事態も起こり得ます。まさに、日本は、今、ヒアリ定着の危機を眼前に迎えているのです。

《海上コンテナの功罪とコンテナヤードの問題》

南米が原産地のヒアリが、日本をも脅かす外来種になったのは、海上コンテナ輸送によるものです。国際的に統一された規格のコンテナを使う海上輸送は、物流のグローバル化を飛躍的に発展させました。しかし、その功績の影で、海上コンテナは、そこに紛れ込んだ動植物を瞬く間に世界中に分散させ、多くの侵略的外来種を出現させた大きな罪を抱えています。ヒアリも、1930年頃、米国に侵入しましたが、海上コンテナ輸送が始まるまでは、新大陸から外へ広がることはありませんでした。

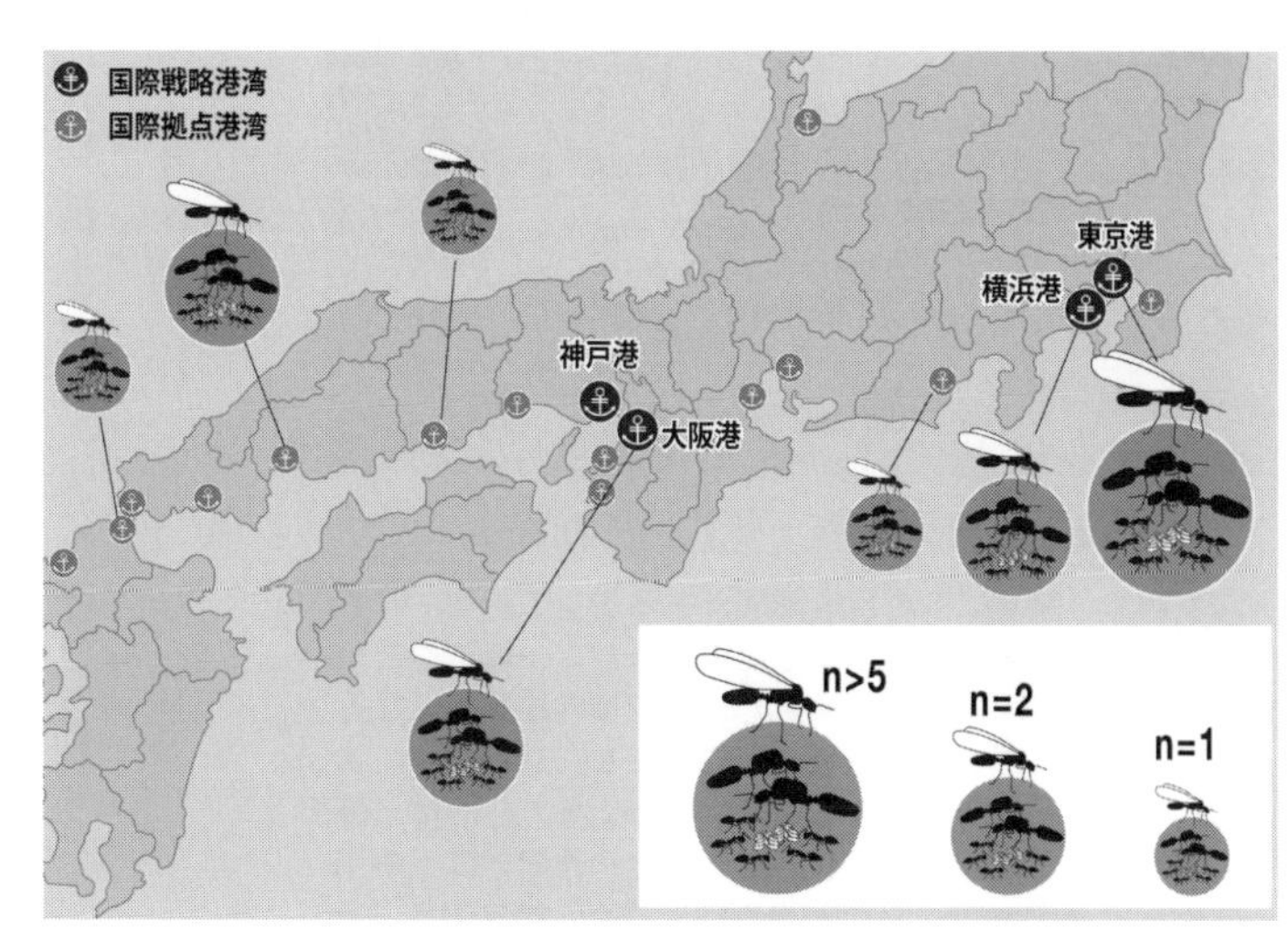

図1　ヒアリの営巣が確認された港湾と営巣件数

それが、コンテナによって運ばれ、たった20年ほどで、アメリカからオーストラリア、中国、台湾へと一気に分布を広げ、今、中国からのコンテナで日本に出現したのです。海上コンテナにバイオセキュリティ上の大きな穴があることは国際社会でも認識されており、182の国と地域が加盟する国際植物防疫条約（IPPC）は「海上コンテナによる有害動植物の移動の最小化」を最重要課題として、加盟国にコンテナの清浄化を行うことを強く勧告しています。日本や中国もIPPCの一員ですが、残念ながら、国として、コンテナ清浄化への積極的な取り組みが行われているとは言えないのが現状です。

さらに、海上コンテナが陸揚げされ、荷主へ配送されるまでの間、仮保管されるコンテナヤードも清浄化が必要であることが分かってきました。ヤードは、一見、アスファルトなどで舗装されて生物など住めないような場所に思えますが、実際は、その舗装面には割れ目や隙間があり、そこに雑草が繁茂していることが多く見

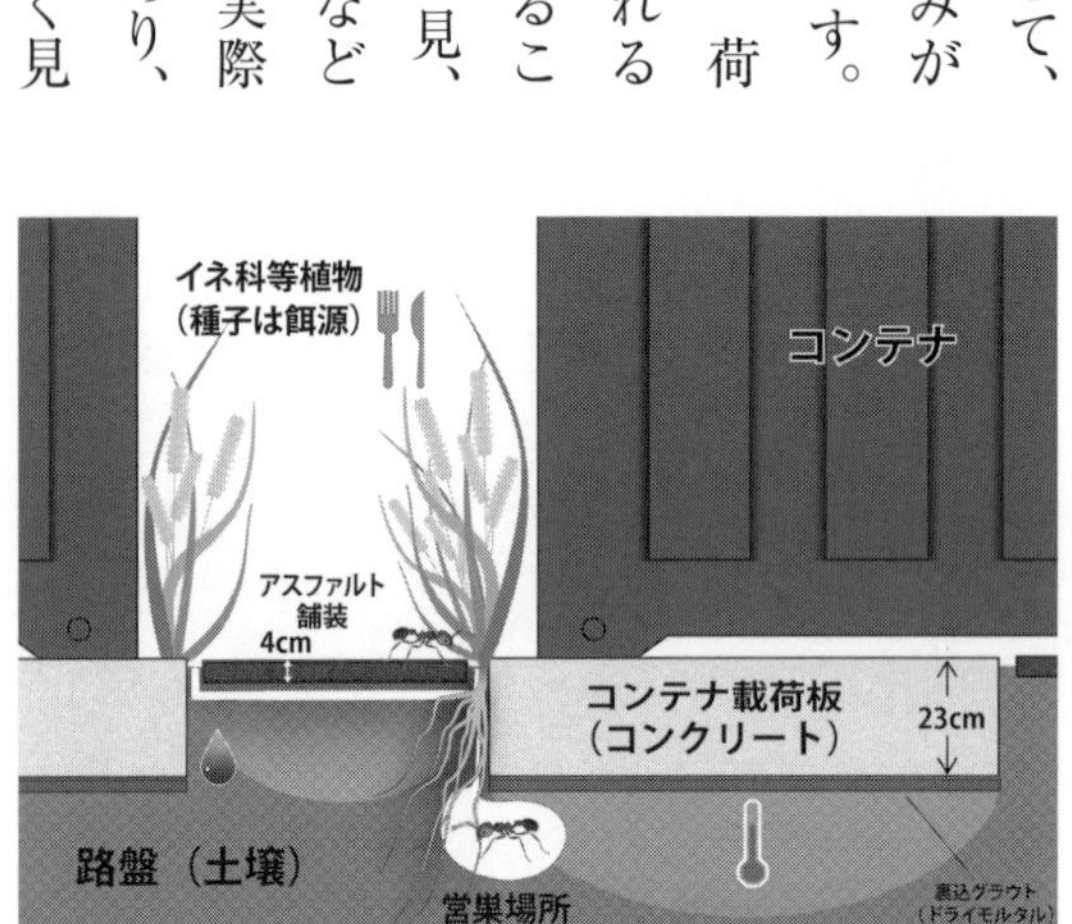

図2　コンテナヤード路面の断面図

アスファルト舗装に割れ目や隙間があるコンテナヤードでは、ヒアリが舗装面下に営巣することができ、舗装やコンクリート板などは、夏季には直射日光で巣内が高温になることを、冬季には太陽熱を集めて低音にならないようにするなど好適な条件を提供していると思われる。さらに、舗装の割れ目などに雑草が繁茂していると、その根は土壌中の水分を好適に保つ効果があるだけでなく、植物の種子を採餌するヒアリにとって餌源を提供することにもなる。

られます。ヒアリのような小型の生き物にとっては、舗装面の隙間から土壌層に営巣することが可能で、雑草の根は土壌の水分を維持し、その種子はヒアリの餌になります（図2）。ヒアリから日本を守るためには、コンテナヤード、そして海上コンテナを清浄化するための取り組み、さらには、その監視や検査を行う仕組みの構築が急務なのです。

《バイオセキュリティの確立が紡ぐ、豊かな未来》

日本にも輸入貨物の検疫システムはありますが、それは主に国内農業を病害虫から守るためのものです。農業も含め、全ての経済活動がグローバル化した今、私たちの安全で安心な暮らしそのものを守るために、ヒアリのような外来生物の侵入を許さない、新たなバイオセキュリティの仕組みが海上物流や港湾に求められます。さらに、その構築は、私たちが豊かな暮らしを続けていくためにも必須なものです。例えば、２０１８年に日本がニュージーランドへ輸出した中古車や機械類からクサギカメムシが大量に発見され、その荷揚げが拒否される事態が連続して起こりました。クサギカメムシは日本で普通に見られる昆虫ですが、果実を加害する農業害虫として知られており、ニュージーランドは自国の農業を脅かす外来生物の持ち込みを許さなかったのです。貿易大国である日本の経済活動は、ほぼ全て海上貨物によって支えられています。我が国の海上物流を、より強力なバイオセキュリティで守っていくことこそが、力強い経済活動を維持していく礎になるのです。

新潟港の現状と将来に向けて

新潟県知事　**花角　英世**

新潟湊は古くから越後平野を流れる信濃川と阿賀野川の河口に位置し、両河川が抱える広範な流域からの舟運と海運の結節点でありました。江戸時代には、北前船の寄港地となり人・物・文化が集積・交流する中、日本海側最大の湊町として栄え、また、安政の五ヵ国条約では開港五港の一つに指定され、１８６９年、佐渡夷(えびす)港（現両津港）を補助港として開港しました。

以降は新潟市の発展・企業の集積とともに近代港湾としての機能が強化され、１９６７年日本海側初の特定重要港湾指定、１９６９年新潟東港の開港（掘込式港湾）、２００５年新潟みなとトンネルの全線開通、２０１１年国際拠点港湾指定などを経ながら、一貫して日本海側を代表する港として発展してきました。こうした中、２０１９年には開港１５０周年を迎えたところです。

加えて、同年3月には、県政運営の総合的・基本的な指針として、本県最上位の行政計画となる「新潟県総合計画」を改定し、「住んでよし、訪れてよしの新潟県」を掲げる中において、「更なる拠点性向上に向けた交通ネットワークの整備」として、港湾整備による人流・物流の促進を位置づけたところです。

現在の新潟港は、約20kmに及ぶ港湾区域を基盤として東西二つの港区に分かれています。主に人流を支える西港区は、一級河川信濃川の河口に位置し、佐渡島との離島航路や北海道との長距離フェリーが就航し、国内海上交通の結節点となっています。さらには日本海側随一の国際コンベンションセンターである「朱鷺メッセ」があり、北東アジアに向けた国際交流拠点としての機能を有しています。また、主に物流を支える東港区は、臨海工業地帯として整備され、コンテナや穀物等を扱う国際物流拠点として、また、LNGの受入れや大規模発電所が立地するエネルギー拠点として発展してきました。特にコンテナでは、「民の視点」を取り入れたターミナルの利便性向上を目指し、2014年、(株)新潟国際貿易ターミナルを港湾運営会社に指定しました。この効果もあり、ここ数年のコンテナ取扱量は増加傾向にあります。

新潟港は本州日本海側のコンテナ取扱貨物量の約3割を占める。
（2019年 速報値。国土交通省資料より。）

港	取扱量（千TEU）
新潟港	176
伏木富山港	
金沢港	
秋田港	
下関港	
直江津港	
境港	
敦賀港	
酒田港	
舞鶴港	

こうした拠点性から、中国、韓国、ロシアなど対岸諸国との海上輸送網はもとより、首

都圏をはじめとする太平洋側との陸上輸送網も充実しています。この優位性を活かし、東日本大震災の際には、被災港湾の代替港として、コンテナ、ＬＮＧ、家畜用飼料等を受入れ、バックアップ機能を果たすことができました。この経験をもとに、２０１９年には物流関係者の基本的な行動を示した「新潟県港湾による代替輸送基本行動計画」を策定しました。この中で、今後危ぶまれる首都直下地震等による太平洋側港湾の被災を想定し、新潟港を中心とする本県港湾がバックアップ機能を果たせるよう代替輸送モデルルートの設定や代替輸送訓練の実施等を取りまとめました。

また、本県と新潟市に加え、民間組織の新潟西港・水辺まちづくり協議会が協働して、「万代島地区将来ビジョン」を２０１９年３月に策定しました。これは、みなとのにぎわいの中核をなし、新潟市のまちづくりの拠点ともなる西港区の中の万代島地区に対して、長期的には、軌道系交通システムの整備や橋梁の新設なども加えるなど大きな夢も描き込んだビジョンとなっ

ています。

このビジョン策定の契機となったのが、約30年前の県民による新潟港の活性化を目指した集中討議でした。当時の万代島地区は倉庫ばかりが建ち並び賑わいもなく市民から遠い存在の地域でしたが、夜通し行われた熱い議論が現在の姿を創る原動力となりました。この熱気を今に復活させるべく、地域住民、ＮＰＯ法人、企業などに幅広く声を掛け、議論の末に生まれたのがこのビジョンです。この流れはその後も続き、地元中学生が総合学習の時間を使って自由に「自分たちの新潟港」を議論し、その成果を我々に提出してくれました。こうした一連の動きを通じて、県民の新潟港に寄せる思いはもとより、県民一人ひとりが開港２００周年に向けた担い手であることを再認識しました。

今回の新型コロナ感染症流行下において、新潟県も大きな痛手を受けており、新潟港においても、クルーズ船をはじめ、人流への影響が甚大です。大きな挑戦ではありますが、県民の協力を得ながらこの難局を乗り越え、一人ひとりがつくりあげてきた新潟港の歴史にまた新たな一歩を刻めるよう全力で取り組んで参ります。

7つのメッセージ

第7章

【国際展開】

日本の技術でビジネスチャンスを切り拓く！

官民連携と技術でベトナムの未来を照らす ～ラックフェン国際港の開発～

伊藤忠商事株式会社 名誉理事　小林 栄三

日本の政府・企業は、これまで国内のみならず海外においても数多くの港湾開発・運営に取り組んできました。以下、本稿では、国際展開において日本の高い技術力を活用した官民連携事業の第1号案件として、伊藤忠商事も参画しているベトナム・ラックフェン国際港開発事業の事例をご紹介したいと思います。

《ベトナム北部物流の新たな要》

本プロジェクトは、ベトナム北部のハイフォン市において、カットハイ島沖のラックフェン海域にベトナム北部唯一の大水深港湾を開設することに成功、その後の官民連携のモデルとなった事業であります。

日本政府による総額約1100億円の円借款を借り入れたベトナム政府から、航路浚渫、港湾用地造成、護岸、防波堤、防砂堤、海上橋及びアクセス道路の基礎インフラ部分の建設を日本企業が請負い、一方で、第1、2バースコンテナターミナルについては、日越民間出資による合弁会社、Tan Cang Hai phong International Container Terminalが、荷役機器の調達、ヤード敷設、建屋建設、港湾運営等を実施する、いわゆる上下分離方式を採用して開発が進められました。

ベトナム政府のマスタープランによると、現在の第1、2バースに続き、将来的にバースの総延長は8km、合計で23バースが整備される計画で、今後益々ベトナム北部物流の要として不可欠な存在になる見込みです。

そもそも港湾都市であるハイフォン市では、ラックフェン国際港の開発以前から複数の河川港が操業していますが、水深が7m程度と浅いため小型のフィーダー船しか寄港することができません。世界的にコンテナ船の大型化が進み、近年では20000TEUを超える超大型船も運行する中で、大水深港の開発は目覚ましい経済成長を遂げているベトナムにとって至上命題でした。水深14mの本港の開設により、北米・欧州等の長距離直行便運航が可能となり、積替え費用の削減やリードタイムの短縮が実現し同地域の物流拠点としての競争力を高めることとなりました。

《官民連携事業第1号案件成立までの道のり》

今でこそラックフェン国際港の存在意義は確かなものです

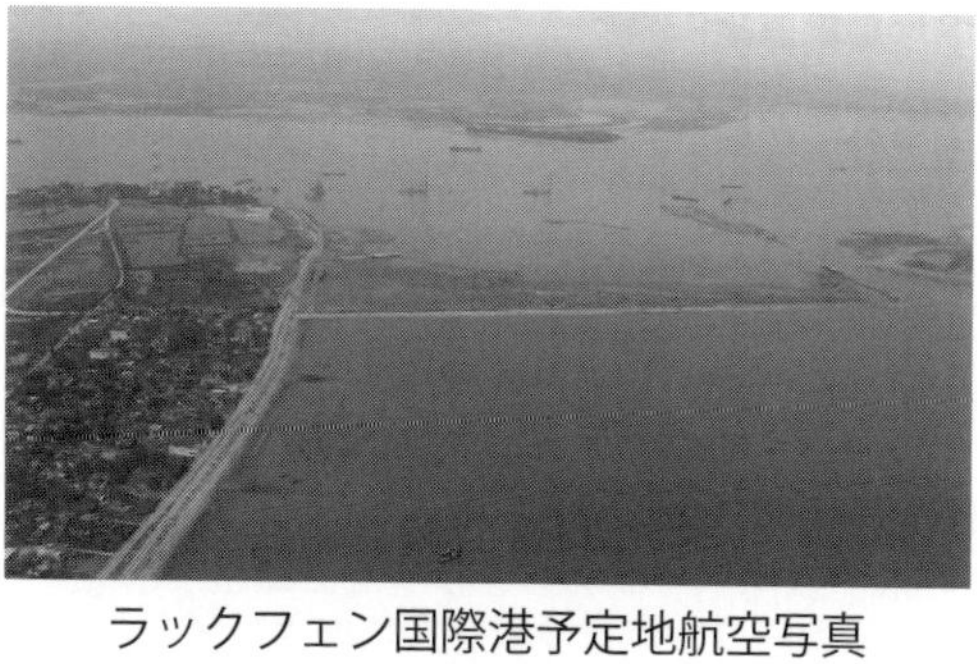

ラックフェン国際港予定地航空写真
（2014年4月時点）

が、ここまでに至る道のりは2000年代後半まで遡る、非常に長いものでした。

2006年に本港の開発者として指名された越海運会社ビナラインズから伊藤忠商事へ本港開発の参画要請を受け、日越両国政府も交えた検討を開始。翌2007年に経済産業省の「開発途上国民活事業環境整備支援実現可能性調査」に採択され、ベトナム北部の需要予測や本港の財務・経済分析を実施。その後2009年、本港開発に携わった商船三井、日本郵船と連名で、外務省、経済産業省、財務省に対して「官民連携提案書」を提出、同年には円借款の供与を前提とした「国際協力機構（JICA）協力準備調査」を実施しました。

2011年から順次円借款契約が締結されましたが、ベトナム政府の工事発注手続きの遅延により2013~2015年にかけて漸く各パッケージの建設が開始されました。開港スケジュールの遅れから、ODA工事と並行して民間投資部分の工事を開始する

ラックフェン国際港開発事業の経緯

2006年	ベトナム政府がラックフェンに大水深港建設を計画。
2007年	経済産業省の開発途上国民活事業環境整備支援実現可能性調査を実施。基礎インフラ整備費用が巨額になることから、円借款供与を前提に検討
2009年8月	官民連携提案書を商船三井、日本郵船、伊藤忠商事の3社連名で提出、同年11月に採択
2011年～	ODA工事のパッケージ毎に順次円借款契約締結。
2011年10月	ビナラインズ、商船三井、日本郵船、伊藤忠商事で現地合弁会社設立。
2013年～2015年	道路橋梁（三井住友建設）、埋立・地盤改良・護岸（五洋建設・東亜建設）、航路浚渫（東洋建設、五洋建設・りんかい日産建設）、防波・防砂堤（東亜建設）の工事契約締結。
2012年	第1,2バース合弁会社ベトナム側パートナーがサイゴンニューポートに変更。その後、日本郵船からワンハイラインズに株主変更。
2016年5月	民間工事の鍬入れ式開催・着工
2018年5月	開港式開催、操業開始

こととなり、２０１６年に鍬入れ式を挙行、２年間にわたる建設工事を実施しました。

本事業の開発においては、ベトナム政府による維持浚渫工事の履行義務取り付けや、政府保証の取得交渉等、様々な課題が立ちはだかり、民間投資部分が実現できるのか不透明な時期もありました。結果的には合意に至らない交渉事もありましたが、関係者の協力の甲斐もあり何とか完工に漕ぎ着けることができました。海外展開における官民連携事業として初の試みであった本事業は、民間企業の力だけで成り立つものではなく、基礎インフラ部分に円借款を供与したＪＩＣＡ、日越両国政府や関係機関の協力があって初めて大規模なプロジェクト開発が成し遂げられたのです。

《優れた港湾建設技術の活用》

本港の建設には、優れた日本の港湾建設技術が活用されました。例えばターミナルの建設用地造成の工事には、付近の河川から運ばれた土砂の堆積によって形成された軟弱な地盤を強化すると共に工期の短縮を実現する深層混合処理工法（ＣＤＭ工法）が採用されました。因みにこれは羽田空港Ｄ滑走路の工事にも活用された実績ある工法です。また、海上連絡橋建設工事には同様に軟弱地盤でも安全かつ速やかな施工を実現する鋼管矢板井筒工法を、航路浚渫工事には、既存航路を運用しながらの工事が必要であったことから狭い場所での工事が可能で、かつ浚渫時に濁りを発生させないグラブ浚渫船を採用するなど様々な日本独自の技術が活用されています。こうした技術の活用によって、安全かつ短い工期での施工が実現するだけでなく、本邦技術活用案件（STEP）としての円借款供与、更に官民連携事業としての開発にもつながっています。

《官民連携の意義》

官民連携事業として開発されたことで様々なメリットがあります。まずは基礎インフラ部分への円借款の活用により、官民の適切なリスク分担が実現、港湾運営部分に関わる民間投資を促進し、効率的な経営と良質な港湾サービスの提供が可能となりました。また、港湾施設を建設した時点で終わらず、運営段階まで長期に渡って関与することで、相手国への事業運営ノウハウの継続的供与、後続案件における日本企業のビジネスチャンス創出、両国の政府・企業間の協力関係が継続されます。実際、民間投資部分についても、日本企業による大型ガントリークレーンの納入が実現しました。官民連携事業という枠組みで、建設から運営に渡って日本企業が深く関与していくことで、日越両国にとってWin-Winの事業が実現したと考えております。

《国際港湾開発を通じた元気な日本、世界経済へ》

ラックフェン国際港の開発プロジェクトには、計画段階から実に10年以上の歳月を費やしましたが、２０１８年5月の開港式にはベトナム側からフック首相、日本側からは梅田駐ベトナム大使（当時）、国交省幹部など約１２００人が出席のもと盛大に開催され、関係者の同港へ寄せる期待がうかがえる象徴的な式典となりました。

開港以降、ベトナム経済の強い成長に裏付けられ寄港サービスは順調に増加し、２０２０年8月時点で、最大１２０００ＴＥＵの大型船による北米向け直行便を含む計10便にまで増加しました。コロナ禍においてもコンテナ取扱量は昨年を上回る水準で推移しており、取扱量においてハイフォン地域で第3位にまで成長しました。

HICTのターミナル全景（2019年5月）

現在も尚、日本政府・企業の主導でアジア・アフリカをはじめ海外の港湾案件開発が進められています。今後もラックフェン国際港等の経験を踏まえた官民連携により、日本企業の有する高い港湾建設技術力を活用したプロジェクトを推進することで、日本企業の海外におけるプレゼンスを高めると共に、国際貿易の振興・世界経済の活性化に貢献できるものと確信しております。さらに、コロナ禍を乗り切る新たな航海に向けて、日本及び世界が出港するための重要なインフラとなることを期待して止みません。

質の高い港湾開発でＦＯＩＰに貢献

独立行政法人国際協力機構（ＪＩＣＡ）副理事長　山田 順一

《はじめに》

２０１３年10月、中国の習近平主席はインドネシアを訪問。国会での演説の中で南シナ海とインド洋上の海路のネットワークである「21世紀海上シルクロード」の創設を提案しました。これは陸のシルクロードと並んでのちに一帯一路（ＢＲＩ：Belt and Road Initiative）と呼ばれる政策となります。中国政府はこの政策に基づき、２０１５年にギリシャのピレウス港の35年間の運営権の取得。２０１７年にはスリランカのハンバントータ港を99年間租借、そしてオマーンとジブチで海軍基地の建設などを推進しています。また、南シナ海における軍事拠点の建設は、米国や東南アジアの国からの反発を招いているとの報道があります。

それに対し我が国は、「自由で開かれたインド太平洋」を外交の重点分野としています。英語では、Free and Open Indo-Pacific と言い、通称ＦＯＩＰと略されています。日本国政府はＦＯＩＰの下で、法の支配、航行の自由、自由貿易等の普及により地域の安定と繁栄を追求しているところです。国際協力の現場では、相手国のニーズに合わせた支援を行っていますが、中でも重要視されるのが港湾分野での協力です。港湾は自由な航行や貿易には欠かせないインフラであるからです。

ＪＩＣＡとしても日本政府と歩調を合わせ、日本の技術を使った港湾の整備や開発を実施しています。そして完成した港湾については、その運営権を可能な限り日本企業に取ってもらえるような支援もしています。そうした協力に加え、欠かすことができないのは、日本と相手国との信頼関係の醸成です。ＪＩＣＡでは、東南アジアや大洋州諸国の港湾関係者を定期的に招聘して人的なネットワーク作りを行っています。インフラを整備し、それが自由な航行や貿易に活用されるためには、港湾関係者と日ごろから交流をして、価値観を共有しておくことが重要であるからです。

順を追って見ていきましょう。

《日本の技術による港湾開発》

わが国のＯＤＡによる港湾開発では、日本企業の受注により日本の優れた港湾土木技術を広めたいとＪＩＣＡは考えて

JICAが支援する主な港湾建設

います。特に、無償資金協力や日本企業タイドのＳＴＥＰ（ステップ）円借款では、制度上日本企業の参加が必須となっており、本邦技術が活用しやすい環境となっています。

セネガルのダカール港（無償資金協力）はこうした一例です。ダカール港の第３埠頭は建設後80年ほど経過し、老朽化で効率的な運用ができない状況でした。対岸の第２埠頭との距離がわずか２００ｍであることから、これ以上泊地を狭められず、重力式の岸壁として修繕することができませんでした。そこで日本の技術である鋼管矢板控え杭式岸壁として、日本が開発した回転圧入工法による施工としたのです。これは海外のＯＤＡ事業で初めての工法ですが、従来の工期を4か月ほど短縮でき、環境にも優しい技術であることから、この事業を皮切りに海外に広めていきたいと考えています。

また、ベトナムのラクフェン港はＳＴＥＰ円借款が使用され、日本企業による施工となりました。港湾の建設地は軟弱地盤であったため、圧密促進と地盤沈下を防ぐため、地盤改良にＰＶＤ（Prefabricated Vertical Drain）と言われる本邦技術が使われました。また、防砂堤の建設にも海底地盤上に砂利マットと粗石を設置し、その上にセルラーブロックを据えるなどの工夫が行われています。こうした一連の技術の採用によって、本事業は、令和元年度の土木学会技術賞を受賞するに至っています。

その他の港湾整備においても日本の技術は広く使われており、いわゆる質の高いインフラ整備として、他国の支援するインフラと差別化できると考えています。

《運営権の獲得支援》

日本の協力で建設された港湾が、日本企業により運営・管理され、ＦＯＩＰに貢献することは望ましいことです。カンボジアのシハヌークビル港はそうした一例でしょう。同港はカンボジア唯一の深海港であり、１９９９年から継続的に日本のＯＤＡで整備された港湾です。シハヌークビル港湾公社は、港湾運営の民営化を目指し、２０１７年にカンボジア証券取引所に上場しました。ＪＩＣＡは、新規公開株のうち戦略投資家への割当分を取得し、日本人技術者を役員として送り込み、港湾の経営にも参画したのです。日本が経営に参加することで、港湾運営の効率化、国際競争力の向上、経営能力の改善を支援することができました。そして1年半後にはＪＩＣＡが持つ株式の一部を大阪港や神戸港を運営する阪神国際港湾株式会社に譲渡しました。同社は２０１８年8月に施行された「海外社会資本事業への我が国事業者の参入の促進に関する法律」に基づく、最初の進出先としてシハヌークビル港を選んだのです。そしてその半年後には、ＪＩＣＡは残りの全株を港湾運営の経験を有する日本企業に譲渡しました。こうして同港は、阪神国際港湾社と日本企業によって効率的な港湾運営がなされることになります。

ベトナムのラクフェン港でも日本企業が運営に参加しています。埠頭や防波堤の建設のいわゆる下物を日本のＯＤＡで実施し、クレーンや倉庫といった上物を日本の民間企業が建設する方式で、ベトナム政府から初の官民連携事業として認定されました。２０１８年

5月の開港式典にはベトナム側からフック首相、日本側からは国土交通副大臣が出席して盛大に行われたことは記憶に新しいところです。

また、現在ODAで建設中のインドネシアのパディンバン港においても、運営権の獲得に日本企業が参加することが期待されています。

《港湾関係者との人的ネットワーク》

FOIPはインフラを造れば済む話ではありません。関係国との信頼醸成が不可欠です。その方策として、JICAは2018年から「JICA港湾アルムナイ」を設立して、東南アジアと大洋州の港湾関係者と人的なネットワークを形成しています。アルムナイとは英語で同窓会のことです。東南アジアと大洋州では、JICAは数十年に亘り技術協力を行い、その中で各国の港湾関係者を日本に呼び寄せ、港湾の建設、運営、管理といった日本の経験を伝授しています。本邦での呼び寄せ研修は数週間から数か月続くものであり、滞在期間中に研修員同士が親しくなります。日本で言えば「同じ釜の飯を食った」という意識から、国は違っても帰国後も同窓的な結びつきが続く場合が多くあります。

JICAはこうした研修員同士の結びつきを一つの財産と考え、港湾関係者の同窓会(アルムナイ)を年に2回開催することにしました。まずは、FOIPの中心である東南アジアと大洋州を対象として、2018年の12月に港湾研修の同窓生12か国20名をカンボジアに招待しました。ＪＩＣＡからは日本の最新の港湾技術を講義し、参加者は各国の港湾の課題を協議する機会に恵まれました。第2回は翌年の6月に日本で開催し、11か国19名が参加。12月にはフィリピンで17ヵ国26名が参加しました。２０２０年はコロナ禍で中断を余儀なくされていますが、アルムナイの活動は大きく飛躍しています。カンボジアのシハヌークビル港湾公社のルー・キムチュン総裁や、フィリピン港湾公社のミョーレ副総裁などキーパーソンが参加し、結束を強めています。また、半年に一度集まることによりグループ内の結束も強まり、相互に価値観を共有しあう有益なネットワークになりつつあります。

ＪＩＣＡはコロナ後もこうした試みを続け、南アジア、中南米、アフリカなどからの参加も見据えてアルムナイの活動を続ける予定です。「信頼で世界をつなぐ」はＪＩＣＡの標語であり、信頼は結局は人間同士の結びつきによって生まれるものだからです。

JICA港湾アルムナイによる神戸港の視察

パナマ運河の『水不足』について

駐パナマ特命全権大使　大脇　崇

国際海上物流の要衝、パナマ運河がいま「水不足」という大きな課題を抱えています。全長約80㎞で大西洋と太平洋を結ぶパナマ運河は、閘門によって区切られた閘室を船が上下しながら、海抜約26ｍのガトゥン湖という人工湖と水路を通過する仕組みになっています。各閘門が開閉する度に隣の閘室に水を流して水位調整しながら階段状に船を通し、使われた水は最終的には海に流します。つまり、パナマ運河はガトゥン湖の水を消費しながら操作されるため、十分な水の確保が極めて重要な課題となっています。

パナマ運河は上流のアラフエラ湖に一旦貯えられた雨水が下流のガトゥン湖に流入し、ガトゥン湖にはさらに他の河川の水も直接流入して貯えられるようになっています。過去の調査によれば、運河流域に降る雨量は約89億㎥、うち41％は地中に消え59％

第三閘門を通過する大型コンテナ船

が2つの湖に流入、さらにそのうち9％は湖面から蒸発し91％（47・9億㎥）が利用可能な水量になると推定されています。運河拡張前10年間（1994～2003年）の平均利用可能量は42億㎥で、内訳は運河操作用約25億㎥、発電用14億㎥、上水用3億㎥。ガトゥン湖の水はパナマ市などへの上水供給のための重要な水源にもなっています。

また、年間平均利用量が25億㎥、2004年の閘門操作回数11809回に着目すると、旧閘門では1隻あたり約21万㎥の水が消費されていたと推定できます。

運河拡張工事は2007年に始まり2016年6月に第三閘門が供用開始されました。新しい閘室の容積は旧閘門の約3・5倍となりましたが、約60％の水を節約できる節水槽が併設されたことで操作に要する水量は旧閘門の1・2倍に抑えられています。すなわち第三閘門では1隻あたりの水消費量は25・2万㎥と推定できます。

拡張運河の供用開始後の通航隻数全体には大きな変化はみられませんが、内訳は旧閘門の通過が減少し、大型船の第三閘門通過が増加の傾向にあります。この傾向は今後も続くものと見られ、通航需要の増加とも相まって運河操作に要する水の需要増が見込まれます。因みに旧閘門1隻当たり21万㎥、第三閘門1隻当たり25・2万㎥という原単位を用いて2019年の通過隻数から使用水量を計算すると27・1億㎥となり、拡張前の年平均を2・1億㎥上回る水が使われたものと推定できます。さらに上水供給についても対象地域の人口増（約33％）から4億㎥程度に増加していると推定されます。

これらから２０１９年には運河操作と上水供給のために31・１億㎥が必要で、さらに発電（14億㎥）も行うためには計45・１億㎥の確保が必要だったことが分かります。

運河拡張と上水供給需要の増加に伴い、ガトゥン湖に対する水需要が増す一方で、近年の気候変動の影響もあって降水量が極端に少ない年もあり、十分な利用可能水量を安定的に確保することが難しくなってきています。

この問題が顕著だったのが２０１９年で降水量は平均年の２６９５㎜を24％下回る２０３５㎜でした。これをもとに上と同じ方法で計算すると２０１９年の利用可能量は36・４億㎥程度と推定されます。この水量では２０１９年に運河操作と上水供給に要したと推定される31・１億㎥は賄えても、例年規模の発電までは賄えない水量だったことが分かります。

実際、運河庁は発電の一時停止や通航船舶の喫水制限を厳しくする対応に迫られ、通常は50ftという喫水制限も、２０１９年４月には最高44ftまで制限されました。加えて２０１９年末の２ヶ月間の降水量が非常に少なかったため、運河庁は２０２０年２月から運河通過時の予想水位に応じて通航料金の１～10％を加算するという上水サーチャージの導入にも踏み切りました。

ガトゥン湖の推移と喫水制限（2018年以降）

ところで、運河拡張後のパナマ運河が水不足に陥る可能性のあることは以前から予想されており、運河拡張のマスタープランでもインディオ川、トリニダ川でのダム建設などによる抜本的な水源確保案も検討されてきた経緯もあるようです。しかし、住民移転や環境影響の問題などセンシティブな問題もあったためか、国民投票で賛否を問うて実施された今回の運河拡張工事では、これらの抜本的な水源対策は実施されませんでした。

運河庁によれば、さらに運河から約80㎞東のバヤノ湖からの導水案や幾つかのバリエーションも含め現在12の代替案があると説明しています。そして本稿執筆中の9月7日、運河庁はコンセプト作りから設計、施工までを含む水管理システムプロジェクトの入札に関する公示を行ったところです。国際海上輸送では既に第三閘門も通過できない大型船も増加しており、長期的視点からは更なる運河拡張、第四閘門整備の必要性の議論も始まる可能性もありますし、そのための用地も確保されています。かつて第三閘門が最適であるという最終報告書を提案した日・米・パ3ヶ国運河代替案調査委員会（1986〜1993年）には日本も正式に参加し、委員会や調査には港湾局関係者も多数活躍されました。日本にとっても重要な国際インフラであるパナマ運河の古くて新しい課題に日本の皆さんも大いに関心を持って頂き、再度、日本の知恵と技術で貢献できることを期待する次第です。

参考文献：小林志郎『パナマ運河拡張メガプロジェクト』文眞堂、2007年

世界の港湾技術者をつなぐＰＩＡＮＣ（国際航路協会）

ＰＩＡＮＣ副会長／ＰＩＡＮＣ日本部会会長　岡田　光彦

《ＰＩＡＮＣとは》

みなさんＰＩＡＮＣ（「ピアンク」と読みます）をご存知でしょうか。ＰＩＡＮＣは、港湾や航路等水上交通のインフラに関する調査研究や開発途上国への技術協力などを行う国際ＮＧＯです。１００年以上の長い歴史を持つ組織で、本部をベルギーに置き、世界66か国に約５００の法人会員と約１８００人の個人会員を擁しています。我が国は１９５２年から政府会員（首席代表は国土交通省港湾局長）です。また、国内の法人会員と個人会員が、ＰＩＡＮＣ日本部会を構成して活動しています。

《我が国インフラの海外展開》

現在日本では、官民を挙げて我が国の港湾、空港、鉄道など、交通インフラの海外

ブラッセル所在のPIANC本部
（PIANCウェブサイトより）

展開に取り組んでいます。日本の人口は２００８年にピークを迎え、今年（２０２０年）７月には既にピークから２００万人減少しています。日本の人口減少傾向は今後加速すると見込まれている一方、アジアを中心に海外には膨大なインフラ需要がありますので、我が国のインフラ産業としても、従来以上に海外市場に目を向けることが必要となっています。

《ＰＩＡＮＣでの技術基準作りと日本》

ＰＩＡＮＣでは、海港、内陸水路、環境など5つの分野の技術委員会を有しています。各委員会には、調査研究を行うワーキンググループ（ＷＧ）が数多く立ち上がっており、各国の専門家が意見交換をしながら、様々なレポートを取りまとめ、技術基準作りを行っています。ＰＩＡＮＣ日本部会は、このような場に多くの日本人技術者（２０２０年6月現在、16のＷＧに参加）を送って、国際標準作りに積極的に参加しており、防舷材や海洋石油ガスターミナルの基準に日本の知見が取り入れられています。今後も様々な分野における日本の技術の国際標準化を通じて、我が国インフラの海外展開に努めていきます。

また、ＰＩＡＮＣにおける調査研究や基準作りの方針に関与していくため、故大久保喜市氏（１９８８年就任）を皮切りに、ＰＩＡＮＣ本部の副会長を日本から輩出しており、本年（２０２０年）、筆者が日本から7人目の副会長となりました。

ＰＩＡＮＣでは、活動方針の決定機関として年次総会（ＡＧＡ）があります。昨年

（2019年）は、我が国がAGAを神戸に誘致し、各国の代表など多数が参加した総会が盛大に開催されました。このような大規模なイベントはもとより、各委員会やWGにも各国の技術者が参加して活発な議論を行いますので、我が国の技術者にとって、PIANCは貴重な研鑽の場となっています。

《若手技術者の活躍》

PIANCには、5つの技術委員会のほかに、40歳以下の技術者からなる若手技術者委員会（Young Professional Commission（YP-Com））があります。若手技術者委員会には、日本からも60人を超える技術者が参加して活発に活動しており、40歳以下の技術者を対象とした論文賞「デパペ・ウイリアムス賞に最近10年間に4回入賞する活躍ぶりです。日本のYP-Com会員は、海外での会議への参加はもとより、国内での技術勉強会、現場見学会、外部への情報発信など活発に

各国から神戸に集まった若手技術者
（提供：PIANC日本部会若手技術者委員会（YP-Com））

2019年神戸開催のPIANC年次総会
（提供：国土交通省）

活動しており、今後我が国技術の海外展開の主役となって行くものと期待しています。

《これからのＰＩＡＮＣ活動》

今年（２０２０年）の春以降、ＰＩＡＮＣ活動も新型コロナの影響を受けていますが、各国会員が参加した会議をリモートで行うことにより、着実に活動を続けています。ＰＩＡＮＣ日本部会では、港湾、海運を取り巻く最新動向を共有するため、初めての試みとして、本年10月に国内会員などを対象としたセミナーをオンライン配信により行います。

日本は港湾、海洋分野の技術的リーダーであり、ＯＤＡなどを通じこれまで多くの海外プロジェクトの実現に貢献してきました。筆者が気候変動に対して脆弱なカリブ諸国担当の大使として駐在していた際には、我が国の防災や環境対策技術に対する強い期待を感じたところです。ＰＩＡＮＣ活動をアジアの国々にも広げることにより、本邦技術の海外展開を進めていきたいと思います。

《ＰＩＡＮＣ活動参加へのお誘い》

個人、団体、また年齢を問わず多くの方の参加をお待ちしています。日本部会のメンバーと共に、我が国インフラの海外展開の手助けをして行きましょう。

マリコンの海外展開～ローカル化・グローバル化

一般社団法人日本埋立浚渫協会 会長　清水 琢三

日本埋立浚渫協会は、１９６１年の設立以来、海洋土木技術に強みを持つ企業集団として、人を育て、技術を研鑽し、業界の健全な発展に取り組んできました。設立された頃は、国内の臨海工業地域整備のための埋立による土地造成が中心でしたが、その後は船舶の大型化、貨物のコンテナ化に対応した国際競争力強化のための港湾整備、三大都市圏の海上空港の建設等、数多くの重要な海洋土木プロジェクトに関わってきました。

《1 海外進出の嚆矢》

海外への本格的な進出は、協会が設立された１９６１年、五洋建設（当時水野組）がスエズ運河改修工事を国際入札で受注したのが第一歩です。スエズ運河拡幅増深工事（１９７５～80年）では、工事費の多くに円借款が供与され、五洋建設、東亜建設工業、三井不動産建設（現みらい建設工業）が元請として、若築建設、国土総合建設（現あおみ建設）もポンプ浚渫船を稼働させ、会員企業が総力を結集して取り組みました。東南アジアでは、シンガポールに１９６３年東亜建設工業、１９６４年五洋建設、１９７２年東洋建設が進出しました。１９７０年代はオイルマネーを背景に中東における港湾関連工事が全盛でしたが、イラン・イラク戦争を機に１９８０年代以降、海外工事の中心は東南アジアに移りました。

《２ 現地に根ざした海外展開～ローカル化》

海外の事業展開には、大きく二つの方法があります。一つは、シンガポールのように現地に拠点を構えて現地政府等の発注工事をターゲットに継続的に事業展開する現地に根ざしたローカル化です。もう一つは、日本のＯＤＡ（政府開発援助）案件をターゲットに事業展開する方法です。現在は、日本政府の質の高いインフラ輸出の積極的な推進により、この二つを並行して展開できるという恵まれた環境にあります。

シンガポールは１９６５年の建国後、国土の約25％を埋立により拡張しましたが、五洋建設を中心とする日本企業がその約40％、国土の約10％の拡張に貢献してきました。チャンギ空港の埋立に始まり、工業用地、住宅用地の埋立、コンテナターミナルの建設等と、経済発展とともに現在も続いています。厳しい入札を勝ち抜くためヨーロッパや韓国等の企業と共同企業体を組んで取り組むのが当たり前になっています。日本のみならず世界の最新の作業船や地盤改良技術はもちろんのこと、ケーソン製作の自動化、ＩＣＴの活用等、様々な生産性向上に積極的に取り組んでいます。

質の高いインフラ輸出では、海外との物流拠点として経済発展の基盤となる港湾整備が発展途上国のニーズとして優先順位が高く、最近では東南アジアのみならず、南アジア、アフリカへと進出エリアが拡大しています。2018年に開港したベトナム北部地域初の大水深コンテナ港湾であるラックフェン国際港は、港湾施設をODAのSTEP（本邦技術活用条件）適用案件として整備し、ターミナルの整備・運営を民間企業（ベトナムと日本の企業）が担う官民連携PPP事業です（写真1）。本邦技術としては、地盤改良工法や鋼管矢板式護岸、工期短縮のための大型浚渫船の使用等が採用されました。本工事を通じて、日本の最新技術と知見を活用するとともに、現地の技術者等を多数雇用し、技術移転を通して人材を育てることができたと自負しています。写真2は毎月実施された現場の安全大会の様子です。

《3 海外事業の展望～グローバル化》

マリコン大手3社（五洋、東亜、東洋）の最近5年間（2015～19年度）の連結業績をみると、海外事業の売上高比率はそれぞれ33%、17%、13%であり、利益面でも各社の業績に貢献しています。これは先述したように、一つは、シンガポール等を拠点として現地

月例安全大会（ラックフェン国際港）

ラックフェン国際港（ベトナム）

国の厳しい入札競争で技術力やコスト競争力を磨いてきたことや、国籍を問わず海外事業の経験豊富な人材を育ててきたことによるものです。加えて、日本政府の質の高いインフラ輸出戦略推進による大型ＯＤＡ工事の増加が大きく寄与しています。

海外事業で働く職員はマリコン大手3社いずれも日本人はわずか約10％であるのに対して、約90％は現地国を含む外国人です。海外事業で成功するためには、いかに優秀な人材を現地国で獲得し、雇用するかにかかっています。また拠点国や進出国等で育てた人材をグローバル人材として第三国で活用することも多くあります。日本やＡＳＥＡＮの大学・大学院留学生で日本企業に就職を希望する外国人も増えています。真のグローバル化を進めるためには、Ｄ＆Ｉ（Diversity ＆ Inclusion）を推進し、性別や国籍を問わず多様な人材がお互いを認め合い活き活きと働ける会社へと脱皮することが求められています。

本邦技術は、軟弱地盤の地盤改良や鋼管矢板・ジャケット等の鋼構造物が多いですが、i-Constructionやコンクリート工のプレキャスト化等の生産性向上技術も対象となることが期待されます。相手国が望む質の高いインフラをリーズナブルなコストで提供できるよう研鑽を積みたいと思います。またウイズコロナの状況にあってウェブ会議等のＩＣＴ活用により国内はもとより海外とのコミュニケーションは格段に進化しています。ウイズコロナを建設現場のグローバル化、ＤＸ（デジタルトランスフォーメーション）推進の好機としたいと思います。

株式会社海外交通・都市開発事業支援機構（JOIN）の海外支援実績

株式会社海外交通・都市開発事業支援機構 代表取締役社長　武貞　達彦

海外交通・都市開発事業支援機構（Japan Overseas Infrastructure Investment Corporation for Transport & Urban Development）（ＪＯＩＮ）は、２０１４年10月に日本企業の交通や都市開発等の海外インフラ事業を支援するために設立されました。設立後約６年がたち港湾関連事業の実績も４件に上っています。ＪＯＩＮの実施している４件の港湾関連事業をご紹介したいと思います。

《1　ベトナム国チーバイ港湾ターミナル整備・運営事業》

チーバイ港はベトナム・ホーチミン市の南約

ベトナム国チーバイ港湾ターミナル整備・運営事業

60キロに位置するフーミー工業団地に隣接します。本事業は本邦電炉大手の共英製鋼、港湾事業者の辰巳商会が主体となり鉄スクラップ、鉄鋼商品等を扱う港湾ターミナルを整備・運営する事業です。

《2 ミャンマー国ティラワ港ターミナル運営事業》

ティラワ港はミャンマー国ヤンゴン市南方ティラワ工業団地に近接します。本事業は港湾物流大手の株式会社上組、住友商事株式会社、豊田通商株式会社が現地企業とともに多目的ターミナルを運営するものです。

《3 ミャンマー国ティラワ港穀物ターミナル事業》

本事業は上記事業に隣接する穀物・飼料等のバルク貨物専用のターミナルで穀物用サイロや倉庫を備えたものです。こちらは株式会社上組と三菱

ミャンマー国ティラワ港ターミナル運営事業

商事も出資する現地食品関連会社と事業を行っています。

《4　ベトナム国総合物流会社運営事業》

本事業は住友商事株式会社と鈴与株式会社とともにベトナム現地物流大手企業であるGemadept Corporation（GMD社）に出資参画するものです。GMD社はベトナム国内で7つの港湾ターミナルを運営するとともに倉庫、トラック輸送、船舶輸送、航空貨物ターミナル等多岐に亘る事業を行っています。

近年、中国の発展に代表されるように各国の経済発展が進み多くのかつての途上国でも生活様式が変化してきています。特に中国、インド、ASEANという地域では生活レベルがあがり、いわゆる安かろう悪かろうではなく、少し費用がかかってもより快適な生活という選択が広がり日本品、日本品質の見直しが進んでいると感じます。物流分野においても、正確で配送ミスが少なく、

ミャンマー国ティラワ港穀物ターミナル事業

時間もきちんとしており、扱いも丁寧な日本の物流技術を是非導入したいという要望を、特にＡＳＥＡＮ各国から伺います。今までは価格だけの勝負であったものが、品質も加味した競争に益々なってくるのでしょう。港湾事業をはじめとした物流事業においても、ようやく日本企業にチャンスが回ってきたと言っても過言ではありません。逆に品質の要素も加わることによって日本企業にとっても言い訳がなくなるという厳しい勝負になることでしょう。また、海外で事業を行う際には、当該国の法律・商慣習に従うことはもとより、政治情勢・経済情勢によっても事業に大きな影響を与えることでしょう。特に安全保障上重要な港湾事業の場合には、規則・許認可等につきより一層の留意が必要です。ＪＯＩＮは海外での事業の知見を蓄えるとともに、国土交通省とともに公的ステータスを活用し、相手国政府等との対話を重視し、日本企業・日本の技術の海外進出に貢献して参りたいと考えております。

ベトナム国総合物流会社運営事業

技術協力の意義とこれから

一般財団法人国際臨海開発研究センター 理事長　三宅 光一

技術協力は、開発途上国の社会・経済的発展のため、日本の技術や経験を活かし、その担い手となる人材の育成を行う協力です。その実施は政府が行うもの、民間やＮＧＯが行うものなど様々ですが、主力はＪＩＣＡが実施する技術協力で、円借款や無償資金協力といった資金協力と双璧をなすＯＤＡの柱であり、いわば車の両輪として実施されています。つまり、資金的な援助でモノを作ったり供与したりしても、それを使う人、よりよく発展・改良させる人が育っていかないと当事国の真の社会・経済的な発展、自立的な発展に繋がらないということです。その国の人々と一緒になって考え、人を育てるというアプローチは、資金協力と重層的に実施されることでより大きな効果を生む、それが日本のＯＤＡの質の高さに繋がっているといえるでしょう。そして今後「質の高いインフラ」を海外で広めていく、その根幹をなす重要なツールと言っても過言ではありません。

技術協力の形態には2つのタイプがあります。一つは調査型、いわゆるマスタープラン調査やフィージビリティ調査と呼ばれるもので、先方の協力を得ながら、あるいは協働しながら、ある課題に対して日本側が答えを出し、提言を行うものです。もう一つは、専門家を派遣したり日本で研修を実施したりするもので、これは答えを日本側が出すというより、先方技術者の能力向上を図り、一緒に考え、最終的には彼ら自身が答えや対応策を導くための手助けをするものです。前者も調査の過程でカウンターパートの技術力の向上を図るという意図があり、技術協力の一形態というわけです。

１９６０年代に港湾分野の技術協力が開始されて以降、内容も形態もそして対象地域も時代のニーズとともに変遷してきました。１９６０～80年代にかけては、主に工業港開発を対象に中国をはじめ、インドネシア、タイ、中南米などにおいて調査という形で展開され、例えばタイのマプタプットやレムチャバン港を対象とした東部臨海開発計画は、その後のタイの経済発展を支えました。１９８０年代以降はコンテナ輸送への対応という課題を抱え、コロンボ港をはじめ多くの港湾の開発計画策定を主導するとともに、フィリピンなどをはじめ全国の港湾開発をどのようにバランスよく行っていくかという課題にも取り組みました。２０００年代に入ると、民営化の流れを背景に、港湾をいかに適切に管理・運営していくかという課題に直面、調査は勿論のこと、専門家チームの派遣を中心とした技術協力プロジェクトの実施が増えました。このチーム派遣という形は、初期にはメキシコやトルコでの水理実験場、スエズ運河経営に関する協力があり、２０００年代以降はベトナム、カンボジア、モザンビークなど多くの国・港湾で、港湾管理制度や港湾行政システムの構築、ターミナル運営の改善などを目指した協力を展開してきています。少し変わったところでは、独立直後の南スーダンにおいて河川港を対象に国づくり・平和構築を支えるための協力を展開したこともありました。また、1970年代から現在に至るまで最近では毎年100名ほどの研修生を受け入れており、これまで築いた研修生のネットワークは我が国にとってかけがいのないものです。

では「日本の技術でビジネスチャンスを切り拓く」というコンテクストでの技術協力の位置づけは何でしょうか。私は、日本の技術や制度、その背景となる歴史や文化の良き理解者を増やし、これまでの協力で培われた「信頼」を一層強いものにすることにあると思います。技術協力は直ちにビジネスに繋がるわけでは必ずしもありませんが、国同士、人や技術者相互の信頼は、ビジネスを展開するうえでのいわばソフトインフラです。日本の技術や制度を相手国と共有し、その国の実情に照らした技術や制度を一緒に模索し、その国の技術レベルの向上、制度や基準づくり、組織の確立や改善などに貢献する、それはビジネスの世界にも良い形で跳ね返ってくるはずです。

国際臨海開発研究センターは、長年JICAによる技術協力の受け皿を担ってきましたが、その創設者兼初代理事長である竹内良夫氏が、OCDI設置にあたって次のように語っています。「日本人は発展途上国の人々のために働くということで、はじめて世界的に日本という国が認められて、よりよい経済発展が可能になると信じます。自己の経済発展を最初に考えてやれば必ずそれに対するはねかえりがきてマイナスの面が出てくる」。当時と現在で取り巻く状況は違いますが、根本的なところでこのスタンスは現在でも変わらないと思います。

技術協力の中心は「人」です。相手国の人材の育成というとき、果たして日本側の人材は大丈夫でしょうか。若い世代への技術の伝承、人材育成は十分でしょうか。我が国の今後の国際協力を考えるうえで大変重要な課題です。また、これからは日本への留学生ももっと大事にすべきではないでしょうか。今や日本の大学にはたくさんの留学生がいます。彼らも技術協力の担い手になる可能性を秘めています。

我が国の優れた技術や制度・システム、それらを生んだ考え方やアプローチ、そしてそれらを支える（た）人たちは我が国の財産であり、今後も技術協力を展開していくための資産です。これらを世代を超えて引継ぎ、活用して途上国と協働すること、それが先方の一層の信頼を生み、技術者を育て、ひいてはビジネスパートナーとして双方の裨益に繋がっていくことになると考えます。

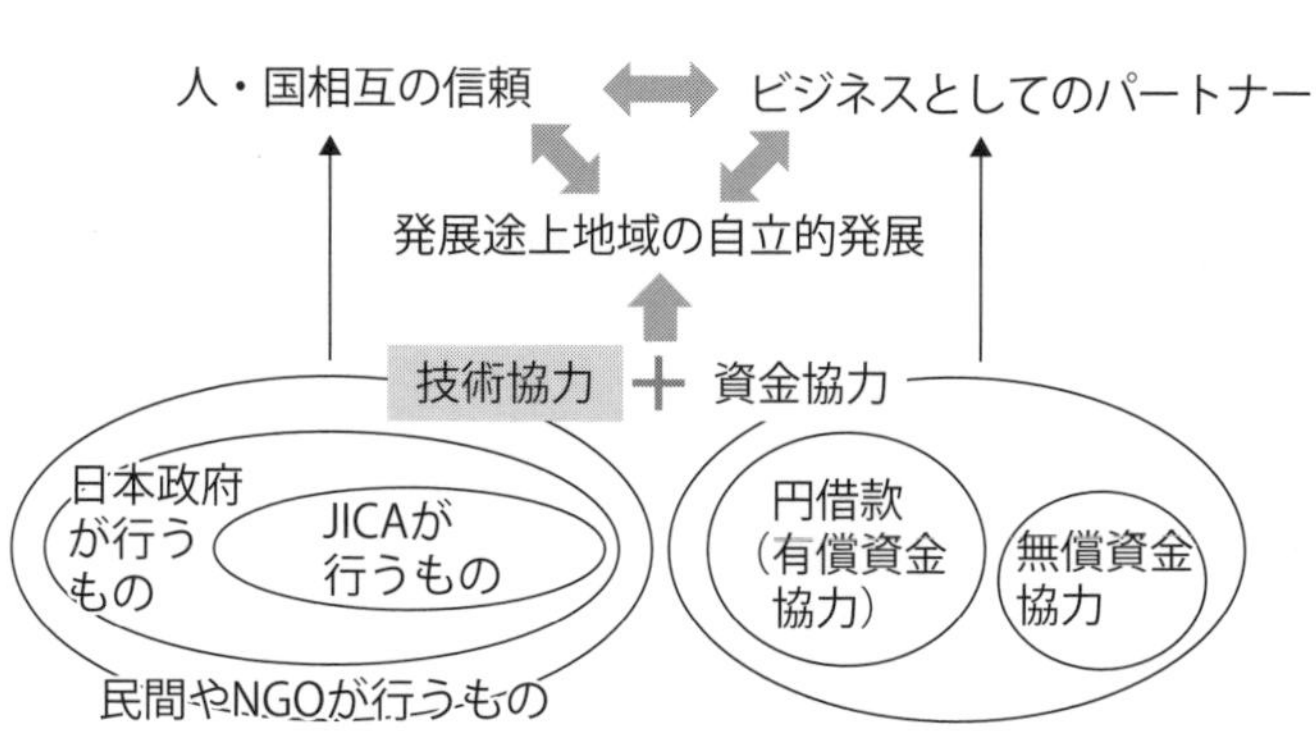

附章

「転機をチャンスに コロナ時代のみなとへの期待」

青柳　正規
（前文化庁長官、東大名誉教授ほか）

高橋　進
（株式会社日本総合研究所チェアマン・エメリタス）

（司会）須野原　豊
（日本港湾協会理事長、元国土交通省港湾局長）

須野原（司会）　青柳先生、高橋先生、今日はお忙しいところ、この鼎談にご出席いただきましてありがとうございます。

私たち港湾関係者は、以前から「みなとの元気は日本の元気」と言い続けています。今回のコロナウイルス・パンデミックの中で、何となく不安で活気のない状況が続いていますが、私たちはみなとから元気を届けたいと考え、有識者の方々や地域で頑張っている皆様から日本を元気にするメッセージを頂くことにしました。今回は、コロナ後の社会のあり方などについてお話を伺いたいと思います。よろしくお願いします。

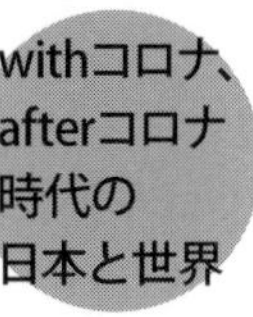

司会　世界に大きな変化をもたらしている新型コロナウイルス感染症ですが、今回のパンデミックを経験して、日本と世界との繋がり、私たちの生活、社会のあり方が変わってきているように感じます。

加えて国際情勢を見ると、米中関係の悪化などの影響で世界の貿易や物流の状況が大きく変わってきています。製造業では国内回帰、さらには地方回帰が始まっており、国際、国内の両面から、わが国のサプライチェーンを改めて見直す必要があるのではないかと思います。また、東京圏と地方圏との関係といったローカルな視点も必要だと思います。こういった視点から、最初にお二人のご所見をお聞かせください。

青柳　漠然としたことしか言えないのですが、世界中がCOVID-19の影響にさらされている中で、日本がどれだけ「災い転じて福となす」ことができるかが試されていると思います。すなわち、コロナによって浮かび上がってきた日本の具体的な弱点をどう克服するのかということではないでしょうか。

　例えばＩＣＴについては、誰もが言うとおり、先進国の中で非常に遅れていることが歴然としました。ニュースや新聞で見ると、ドイツではフリーランサーのアーティストたちに５０００ユーロを支援する際、決定した翌日には口座に振り込まれたそうです。一方、日本はというと、私は東京都の芸術文化評議会の会長の立場でいろいろ相談を受けて、フリーランサー、特に大道芸人の方々等にも支援できるようにしたのですが、ご当人たちがお金を手に取るまでに1カ月近くもかかりました。

　マイナンバーを登録する時にも、マイナンバーカードの表裏をコピーして、身分を証明するための免許証の表裏をコピーして、それを貼り付けて送らなければいけない。どこがデジタル化なのか。二重、三重に、アナログにしている（笑）。

【レス・プリバータ（res privata）とレス・プブリカ（res publica）】

青柳　インターネットに接続する際には、個人個人をアイデンティファイするため、ある程度個人情報を出さざるを得ません。日本では明治以降、私有権をあまりにも尊重するあまり、公のために私権をどこまで保障し、どこからは公にするかが曖昧になっています。

古代ローマではレス・プリバータ（res privata）とレス・プブリカ（res publica）と言いますが、日本語で言うと私権と公権の整理を、日本では近代国家になってからきちんとやってきていない。「新しい公共性」などと言っていた時期もありますが、それ以前に「古い公共性」においても、どこまでが公権でどこまでが私権かの区別をしていませんでした。その意味で、近代国家の一番基礎になる部分が十分に整理されていなかった。国家の基盤の一つの弱みが明らかになりました。

もう一つは、土地の所有などで端的に見られますが、あまりにも私権を認め過ぎて公共のための私権をほとんど否定してしまっています。たとえばオランダのアムステルダムの土地は、全部借地です。日本でも、江戸時代には、土地は一時預かっているだけのものということで、私権はかなり制約されていました。そこに生半可な私有権という概念が出てきて、今日までずっと続いているために公共性がないがしろにされてしまっています。

また、これは言っていいのかどうか分かりませんが、テレビでよく政治家の方々が、「これから専門家のご意見を伺って判断する」とおっしゃいます。戦後社会は、政治家という専門家を養成することを忘れてきた社会です。パナソニックが松下政経塾をつくって専門的な政治家をつくろうと考えましたが、あれではあまりにも規模が小さすぎる。社会全体で、もっと政治家という存在をある意味でリスペクトし、ある意味で徹底的にクリティカルに見ていく。本当の政治家が必要ですが、それをやってこなかった。

そして、いままで戦後日本が成長してきたのは、霞が関の役人の存在があったからです。高橋さんには失礼になるかもしれませんが、日本にはまだシンクタンクが十分に成長していない。国交省にしろ、経産省にしろ、財務省にしろ、霞が関が一種のシンクタンク機能を担ってきたわけです。しかしながら、政治がショー化していく中で、政治家たちは、官僚を標的にして徹底的に攻撃してしまった。このため、いまの官僚は、昔のような気概がまったくなくなってしまっています。

コロナ後の世界について、世界中でいろいろな構想が出てきているのに、日本ではまだ一つも出ていない。これまでは中長期的な政策提言を霞が関の役人たちが出してきていたのに、そのパワーがなくなって、気概、気力もなくなっているのではないでしょうか。

大平内閣の時に、劇作家の山崎正和さんたちが一生懸命提案した「田園都市国家構想」というものが発表されました。当時は時期尚早で実現しませんでしたが、あれとICTを結びつけただけでも、パンデミック後の日本をどういう国家にしていくかの提案になるのではないかと思います。過去にモデルがあるにも関わらず、それさえもいまの官僚たちはできない。

阪神淡路大震災の際、全体の復興計画を下河辺淳さんが作成しました。残念ながら今は、下河辺さんや元内務官僚だった後藤田正晴さんなどのような、構想力を持った役人がいなくなってしまった。政治が劇場型になってしまっているので仕方がないですが、政治家にとってはパフォーマンスが非常に重要になっていて、人々が嫌がる構想などはとても出せず、結局はポピュリズムになってきている。

第1次世界大戦の時、アルゼンチンは世界7位の豊かさを持っている国でした。ところが、第1次大戦が終わった頃からポピュリズムに走り出した結果、どんどん国力を落としてしまい、いまはバンクラプト、破産国になってしまっている。日本は、ちょうど第1次世界大戦が終わった時のアルゼンチンのような崖っぷちに立っていると思います。

もう一つ、海外の識者たちがよく言っていることですが、全体主義的な監視システムと市民の権利をどう強化していくのか。これらは対立項になりますが、いまこれを突きつけられていると思います。幸か不幸か、厚労省が出しているCOCOAはあまり機能していない。みんながあれを使い出したら、いまの政府はデータを本当にコントロールできるのでしょうか。ビッグデータを扱うならば、データを提供する市民一人ひとりからの信頼感がないといけない。残念なことに、政府はビッグデータを預けるだけの信頼を得られていないと思います。

また、国家主義的に孤立するとパンデミックには対応しやすいかもしれないが、その一方でWHOのような国際的結束、協調との対立項になる。それにどう対応するか。政治家は、そういうことをきちんと説明してほしい。コロナによってそういう課題が浮かび上がってきました。私たちはいろいろなことを試されているのではないかと思います。

【コロナの前から生じていた課題が加速化、表面化】

高橋　よく「コロナで世の中が変わった」と言われます。そういう部分がない訳ではないのですが、むしろコロナの前から生じていたいろいろな変化がコロナによって加速した。あるいは、いまのお言葉を借りれば、表面化したのではないかと思います。

問題提起いただいた世界の話ですが、コロナによって人、モノの動きが鈍化したこともありますが、その前から世界にはグローバル化の減速の兆しが現れていたと思います。グローバル化することで自分の国の雇用が減ってしまう、外に富が流出するといったグローバル化に対する否定的な考え方が台頭し、反グローバル化、あるいはポピュリズムとくっついて保護主義に向かう動きが出てきていた。アメリカでさえも、「自国の利益を優先すればいい」という自国第一主義のような考え方が跋扈している。

その中で、文明の衝突、覇権争いと言われるぐらい米中の問題が浮上してきていた。米中の問題は、最初は貿易赤字でしたが、ハイテク摩擦になり、いまでは相手を経済、貿易関係から締め出してしまうというデカップリングにまで言及されています。

こういう動きが、コロナによってさらに激化した。コロナがどこ発か、中国がＷＨＯをコントロールしようとしたのではないか。あるいは香港の問題なども加わって、コロナの下で米中関係がさらに悪化してしまった。世界の分断傾向はさらに強まり、保護主義が強まっている状況ではないでしょうか。

ただ、アメリカを一方的に責めてもいられない。中国の側にも、市場経済の中で国有企業優遇や、不公正な競争をしてでも自国の競争力をつけたいという大国主義的な考え方がある。いずれにしても、世界のグローバル化が揺らいでいるのは間違いないと思います。

日本も当然、その影響を強く受けています。今までは何だかんだ言っても中国の発展とともに日本の輸出も拡大し、日本の中国ビジネスも拡大し、あるいは中国を生産拠点として世界に輸出してきた。市場獲得を狙って、サプライチェーンもつくってきたわけです。それは中国一辺倒と言っても過言ではなかったぐらい、中国を組み込んだ生産拠点やサプライチェーンであった。その見直しを余儀なくされているのではないかと思います。

米中摩擦がさらに激化すれば、日本は中国の側につくのか、アメリカの側につくのかさえも問われかねない。日本から中国への輸出、あるいは日本企業と中国企業間の人やモノのやり取りを見直さなくてはならない可能性も考えておかなければいけない。そもそも日本は中国とどう向き合うかも、これから問われるのではないかと思います。

日本はコロナによって物流が滞るだけではなくて、いま申し上げたような背景の下で、中国以外のアジアの複数の国にサプライチェーンを分散する、あるいは、場合によっては国内にサプライチェーンの一部を回帰させるといった従来とは違う様々な選択肢を考える必要が出てきているのではないかと思います。

もしアメリカが考えているデカップリングが本当に進むとすれば、対中という意味で日本にとってはリスクです。一方で、もし世界が分断されるのであれば、日本の産業にとっては欧米の市場への部品や製品の供給を拡大するチャンスでもあります。リスクばかりでもないと思います。そう考えると、日中関係だけではなく、日本はアジアの他の国々とどういう関係を持っていくのか、経済外交などの観点でも、非常に重要ではないかと思います。

その問題を港湾や物流ということで考えると、アジアの中での物流が変わっていくのではないかと思います。日中、あるいは中国を中心とするルートだけではなくて、アジア内の多国間のトランシップ貨物の増加、あるいは国際コンテナ航路の維持形成を考えて、日本としてはアジア各国との港湾間連携や船会社との関係をつくっていく必要があるだろうと思います。

一方で国内のことを考えてみると、日本が輸出、輸入とも重要な貿易立国であることに変りはなく、日本の製品の国際競争力を考えると、日本国内の物流の質、すなわち安全、低コスト、スピードが競争力の源泉になると思います。

「サプライチェーンの国内回帰もあり得る」と言いましたが、今のままではコストが高くて競争にならないだろうと思います。効率とコストは非常に重要なので、DX（デジタル・トランスフォーメーション）を使って、どうやって日本の物流システムを効率化するかが問われるのではないかと思います。

国内のサプライチェーンを考えると、港湾だけの話ではなく港湾と道路、空港、鉄道、これらの結節をどうするのかを改めて見直す必要があると思います。震災のことも考えると、大都市圏の港湾だけではなくて地方の港湾も含めたネットワーク化、役割分担が重要になってくるだろうと思います。


【新しい国際協調体制を進める必要性】

高橋　コロナによって何かが起こるということもありますが、コロナが世界の構造変化を加速していくという意味では、先ほど「グローバル化が減速化の兆しがある」と言いましたが、これをどう建て直していくかが改めて問われると思います。グローバル化が減速、後退しているだけではなくて、ブレグジットなどユーロが崩壊していくプロセスが何となく始まっているような気がしていました。

コロナを契機にしてドイツの考え方が変わってきた。ユーロの中に基金をつくって、デジタルやグリーンを主テーマにしてもう一回、域内を開発していこう、イタリア、スペインなどコロナで大打撃を受けた国を助けていこうという、求心力を高めようとする動きも出てきている。こういうことはすごく大事なことだと思います。

先ほどもご指摘がありましたが、今回、パンデミックと言われるような大きな事件がありながら、G7やG20の場で「パンデミックをみんなで抑え込もう」、「WHOを活用して対処していこう」という国際協力の動きが残念ながらまったく出てこない。従来と違う、非常に寂しいことだと思います。日本はそこに流されるだけではなく、中国とアメリカが対立してなかなか動かない中でグローバル化を進めていく、その恩恵を受けていくのだという考え方の下、国際協調体制を進める。あるいは、中国やアメリカ以外で自分たちと同じ志を持つ国と協調関係をつくっていく。このような新たな関係をつくっていくための、一つのきっかけにしなくてはいけないのではないかと思います。

デジタル社会の構築に向けて

司会　DX（デジタル・トランスフォーメーション）の話が出ました。世界中でデジタル社会が進んでいますが、港湾だけではなく、日本全体が遅れています。今後、デジタル社会はどのように進んでいくのか、お考えをお聞かせください。

青柳 高橋さんが言われたことと同感なのは、ユーロの基金についてです。あれだけの首脳陣が、半分、徹夜みたいにして、3日ぐらいかけて、暗礁に乗り上げながらようやく約90兆円のファンドをつくった。1月からずっとコロナに影響されていた中で、一つだけ希望が見えたというくらい嬉しいことでした。

やはりメルケルという人は、政治家として国際社会を引っ張っていけるトップランナーではないでしょうか。それによってヨーロッパ、特に南欧は本当に助かって、これからコロナ禍を生き抜いていく勇気を持てたのではないかと思います。

日本は1100兆円ぐらいの財政赤字があるためなかなか難しいとは思いますが、中国も含めた東アジアで、お金だけではない、ノウハウを入れ込んだ強力な基金、ベースづくりを進めることも必要だと思います。

【インターネットは「マタイ効果」を生む】

青柳 一方で、ICTにどう対応するかがこれからの大きな課題です。「マタイ効果(Matthew effect)」というのが聖書にあるのですが、「条件に恵まれると金持ちはより金持ちに、恵まれないと貧乏人はより貧乏人になる」というものです。現在は、インターネットに接続できるかどうかが、将来がより大きく開けるのか、だんだんしぼんでいくかの決定項です。

インターネットは、どこかで回線が切れても網の目のようなネットワークでどんどんつながるはずだったのに、3・11が発生した際、通信網は切れました。そういう経験もありながら、それをきちんと修復していません。

四川省で地震があった時、確か行政ネットワークは全部分断されていましたが共産党ネットワークが使えました。共産党ネットワークを使って、「国境なき医師団」は四川の現地に入ることができたのです。

ヨーロッパの場合は、いまでもまだ人的な教会ネットワークがあります。何か大きなことが起きた時には、衰えたとはいえ、いまでもまだネットワークとしてかなり機能しています。ところが、日本社会はそういうものがない。単純、単一、単層です。だから余計に、インターネットをきちんと整備しなければいけない。

ＮＴＴが民営化する前には、横須賀に中央研究所というのがあって、アメリカはこれを非常に怖がっていました。３Ｇの民生化に関しては、その中央研究所が世界で主導権を握っており、トップランナーでした。ところが民営化してからＮＴＴの体力が落ち、研究者にとってパラダイスみたいだった研究所がダメになった。その結果として、ＩＣＴ産業へ供給する新しい知見がどんどんなくなってしまった。みんなそれを知っているはずなのに、リカバリーせずに惰性でここまで来てしまった。

高橋さんが言われたように既にいろいろなところに徴候は現れていて、どうにかしなくてはいけない。これからデジタル化を統括する庁を新設するという報道もありますが、たとえば文科省は、今まで何回も、小中学生に1人1台、ＰＣを配ろうとして予算取りしています。ところが、地方交付税交付金には細かい項目がない。ひとまとめです。県庁や市町村が文科省の意向をきちんと理解して、「この分はＰＣ購入費用」と考えない限り、本省が予算化しても実行できないのです。

霞が関の役所が政策をきちんと説明して、最終的にお金を使う県や市町村の役人たちもそのことを理解して、「やらなくてはいけない」という同じ気持ちにする。そうしないと、中央で予算化してもちゃんと活きないのです。

国会、あるいは予算で「こういうことをやりましょう」と言ったら、それがなぜなのか、もっともっときちんと説明して納得させる。そして、霞が関、あるいは国会、内閣が考えているとおりの予算執行にしなければいけない。やはり、考え方なんです。これからデジタル化にどんどん予算がつくでしょうが、その考え方が伝わらない限り、違うものに使われてなかなか改善しない危険性があると思います。

【デジタル化とともに仕組みも変える必要がある】

高橋　コロナで日本のデジタル化の遅れという弱点が改めて表面化したわけですが、日本はコロナが発生するだいぶ前から成長力が落ちていた。それをもう一回、再生させるための一つの大きな柱がデジタル化だと言って、成長戦略の柱に位置づけてきました。考え方としても、第３次情報通信革命に継ぐ第４次産業革命だと言って、デジタル化を進めてきました。

政府もデジタルのハードにお金を使ってきたし、企業もずいぶん先端的な取り組みをしてきました。にもかかわらず、日本全体で見るとデジタル化が進んでいなかった。今回のコロナで、中国、アメリカなどに比較して、日本のデジタル化が遅れていることが改めて表面化したわけです。

私はいま規制改革推進会議の委員をやっており、コロナの問題が発生する前から、「日本でデジタル化が進まないのはなぜなのか」と議論し、どこを改革すれば進むのかに取り組んできました。コロナが発生し、具体的なテーマとしてオンライン診療、オンライン教育、テレワークが浮上しました。

テレワークは民間の取り組みもあって、急速に普及しました。「やればできる」ということで、ずいぶん私たちの考え方は変わったと思います。問題は、オンライン診療とオンライン教育です。

コロナ感染の可能性があり初診で病院へ行く人も含めてオンライン診療が認められたのですが、医師会は相変わらず「コロナのための特別の一時的な措置だ」と言っています。たとえば糖尿病や成人病、慢性的な病を持っている人たちが、ウィズ・コロナのもとでオンライン診療を受けられることは非常に重要なことです。コロナが収束した後もいろいろな意味で利便性が高いので普及させたらいいと思いますが、抵抗があります。

オンライン教育については、今回、文科省はさらに予算をつけてＰＣ、あるいはタブレットの全児童配布を前倒しすると発表しました。しかし、足元で小中学校のオンライン教育が進んでいるかと言ったらまったく進んでいない。

なぜかと言えば、自治体ごとに配布の進捗にバラツキがある。それから、家庭によっては自宅にWi–Fi環境がないので、ハードがあっても使えない人たちがいる。そういうところを克服して平等にしないと、オンライン教育が進められないということです。

他の国ではずいぶん前からPC、タブレットを普及させて、オンライン教育をやっていた。今回のコロナでも当然、そこが機能したわけですが、日本は予算をつけてもいまだにオンライン教育が進まない。高等教育ではだいぶ普及したと思いますが、残念ながら初等教育、中等教育ではまったく使えていない現状です。繰り返しになりますが、改めて日本の弱点が露呈したと思います。

今回の特別給付金も、私が住んでいる杉並区はオンラインで申請して良いことになりました。オンラインで申請したら役所でもデジタルのまま処理されて、そのまま給付金の支給に繋がっているのかと思ったら、杉並区は違うと思いますが、ひどいところはオンラインで届いたものを一回プリントアウトして、違う情報と付き合わせをしている。要するに、デジタルがまたアナログに戻っている。職員には二重の手間がかかるわけで、デジタル化の意味が何もありません。

そういう視点で見ていくと、日本はデジタル化、オンライン化と言いながら非常に中途半端です。いままでの仕組みも残したままなので、かえって煩わしいものになっている。自治体の現場の方にとっては煩わしいだけの話なのかなと、考えざるを得ないところがあります。

特別給付金の申請用紙が来ましたが、紙で申請する場合も、いまだにハンコを押すように指示があります。三文判を押して出すと思いますが、三文判を押して出すことの意味は何だろうと。本人確認と意思確認だと思いますが、ハンコがあろうがなかろうが、そのペーパーを役所に提出した時点ですでに意思確認はできている。本人確認にもなっていると思うので、ハンコはまったく意味がない。

そう考えると、テレワークそのものは普及しましたが、「ハンコを押すために出社しないといけない」、「役所とのやり取りにハンコが必要なので出社しないといけない」ということがまかり通っている。デジタル化と言いながら、それに合わせた全体のシステムの改革がまったくできていないのが日本の弱点だと思います。

自治体だけでなくて、会社も同じです。ハードの機器を入れることがデジタル化で、それによって省力化したり効率化することがデジタル化だと経営者は思っていた。

そうではなくて、デジタル化することによって生産性を上げ、データを蓄積して分析して新サービスや新製品に繋げていく。すでに欧米は、経営の付加価値を高めることにデジタル化を使っています。日本はそこまで達していません。彼我の格差は非常に大きいなと、相変わらず感じています。

交付金のお話もありましたが、自治体の行政を見ると、ここも相変わらずオンライン化の素地がない。業務が全部バラバラになっていて、標準化されていない。データが全部デジタル化されていないため、その中でオンライン化しようとしてもできない。

単なるデジタル化ではなくて業務のプロセスの改革、業務改革まで一緒にやらなければデジタル化の効果は上がりません。むしろ、煩わしいだけです。日本はそこが決定的に遅れているというか、今まで考え違いをしてきたのではないかと思います。

今回、コロナ禍で改めて日本の弱点が現れてきたので、今の政府の中も、日本社会のムードも、この際、一挙にデジタル化を進めて世界に追いつこう、あるいは成長を加速させようというムードが出てきているのではないでしょうか。危機感を持っている方は、「今回こそが、まさにラストチャンスではないか。ここで変われなかったらもう日本は成長できない」、ぐらいに思っているのではないかと思います。

そこで問われるのは、仕組みや制度、規制、業務の仕方を変えていく気持ちや意図がないと、ハードだけ入れても今までとまったく変わらないということです。そういう危機感を改めて持っています。

司会　問題意識を共有して「それをやろう」、あるいはそうしなかったら評価が下がるといったペナルティをかけるぐらいのことをやっていかなければ、だめなのかもしれません。

私は地方でもいろいろな委員会にを出席していますが、ウェブ会議を併用しようと思うと事務方は3倍ぐらい労力がかかります。システムができていない。そのために準備して事前にトライアルしますが、今までなかった課題が露呈する。生産性を上げようと思っても、どんどん下がってしまう。私も大いに実感しています。

【デジタル化を組み込んだ一気通貫の物流システム】

高橋　医療の問題、教育の問題、働き方の問題を挙げましたが、物流分野でのＤＸ（デジタル・トランスフォーメーション）も効果はすごく大きいのではないかと思います。

日本にもう一回サプライチェーンを持ってこようという動きも出ている中で、日本の物流の効率化が遅れているとコストが高くなるので、実際には国内のサプライチェーンは機能しないと思います。物流のデジタル化は、これをどう導入し、どう一気通貫のシステムをつくっていくかが、非常に大きな課題ではないでしょうか。

民間では人手不足の中、たとえば倉庫内の物流の合理化にロボットやICT、AIを活用しています。そういうことだけではなく、製造業であれば工場から出荷して、道路を輸送して、港に持ってきて、積む。輸入なら、まったく逆のルートです。このルート全体でDXを活用して、リードタイムを短縮して物流コストを下げ、安全性を確保する。そういう取り組みは、ポジティブな意味で日本の競争力の強化に繋がるのではないでしょうか。

そう考えると、単に港の書類をデジタル化するといったことだけではなく、トータルのシステムで考えて、どうやって一気通貫のデジタル化を進めるかが重要です。これがこれからすごく問われるし、そういうところのインフラづくりがうまくできれば、新しい日本の競争力になっていくのではないかと思います。

司会　そうですね。情報はワンストップで、一つ入れたら全部流れる。それに対応して、モノそのものもきちんと流れる。両方が並行すれば、物流は再生できると思います。国交省も最優先で取り組んでいるところですし、国だけではなく民間など、いろいろ関係者が同じ方向を向いて進めることが重要ですね。

青柳　物流で時々思うのは、日本でも朝や通勤時には道路にバスレーンなどの専用レーンがありますよね。ヨーロッパでは、役人の公用車もパブリックサービスということで専用レーンの通行ができます。重要な仕事をしてくれるということを一般市民が認めているから、そういう特権を社会が許していると思います。

物流がこれからの日本にとって大変重要だということは、高橋さんのお話でよく分かりました。例えば、物流車両は専用レーンを使ってもいい、とすることもあり得ます。物流の効率を上げなければ日本は生きていけない、ということを市民一人ひとりが理解しないと、それは実現していかないわけです。

これからの日本をどうしていくのか、どういうイメージをみんなに持ってもらうのか、きちんと共有することが非常に重要ではないかと思います。

国土や地域を脅威・リスクから守る

司会 日本はコロナに限らず、地震、台風などの自然災害が非常に多くリスクが多い国です。先ほど青柳先生がおっしゃいましたが、すべての経済活動のベースには安全・安心が必要だと思います。さまざまな脅威をできるだけ発現させない、あるいは発現したとしても、被害を最小限に抑えるための対応が必要だと思います。

経済活動におけるリスクマネジメントについて、お二人のお考え、アイデア、ご意見をお聞かせください。

【リスクを売りにする発想の逆転】

青柳　極端なことを言えば、いまアウシュビッツを見るなど、「負の旅行」というものも出始めています。私たちは自然災害のリスクに対していろいろ手当てをして国土強靭化などを進めていますが、それでもなお自然災害のリスクは先進国の中で圧倒的に日本が高い。そういうところに住んでいることを、もっと宣伝しても良いのではないかという気がします。

イタリアのベスビオス山は、だいたい400年おきに大噴火します。最後の噴火が1944年でしたが小規模噴火で本格的な噴火は17世紀からないので、非常に危険な火山ということで、政府は地域住民が住みつかないようにいろいろな工夫をしています。危険な地域に住んでいる若者が結婚して危険地域の外に住んだら住宅取得の補助金を出す、というようなこともやっています。

日本から学んだこともあります。大島の住民が島外へ避難しなくてはならなくなった時、小学校レベルだと、東京に避難した多くの子供がいじめに遭ったり、登校拒否になりました。それをイタリアの地震学者、火山学者たちが調べました。ベスビオス山が噴火した時にそうなると困るということで、たとえば夏休みに、「あのクラスの子供はミラノのどこどこ小学校に1週間行きなさい」、「このクラスはパレルモの小学校へ行きなさい」と平時から友だちづくりをさせているんです。いざベスビオス山が噴火したり災難があったら、友達のいる場所へ避難できます。いかにも人間的な慮りをよくやるイタリアらしいやり方です。

しかしながら、人々はその危険がある場所から去りたくない。というのは、火山のおかげで土地は窒素、リン酸、特にカリウムが非常に豊かです。イタリアでは、一般的にトマトの連作ができません。多くの土地は1年休めないと病気などで収穫量がガタッと落ちますが、ベスビオス山周辺だけはどんなに連作しても収穫がいい。ソレントのあたりは、レモンが年に4回採れます。地味が肥えていて、豊かで、大変に恵まれています。ちょっとした土地を持っていれば食べていける。だから去らないのです。

司会 危険と隣り合わせとわかった上でも残るのですね。

青柳 日本でも、鹿児島の開聞岳は、昔、時々爆発していました。弥生時代は、噴火からしばらくすると集落がだんだんと山に近づく。またドカーンと噴火すると、集落は遠のく。けれども、またたんだんと近づく。農耕に適した土地だから近づくのです。このように、日本は常に危険と背中合わせでやっていかざるを得ないのです。そういう時に、どういう知恵を使うかが重要です。

国土強靭化は、コンクリートで固めるだけではありません。災害により、たとえば首都直下型地震の場合95兆円の被害、南海トラフの場合220兆円の被害が発生すると、どう見ても財政赤字を減らしておかなければ対応できない。それこそ中国からお金を借りないと復興できない、という事態になりかねません。ソフトの強靭化とハードのバランスをうまく取りながら進める必要があります。

世界中の気候がどんどん激甚化していますが、日本を手本として、あるいは日本モデルとして世界が対応できるといいと思います。そういうことで、国際社会の中で一定の発言権を確保することが必要ではないかという気がします。

【太平洋側と日本海側でリスク分散】

高橋　お話を伺っていて最近のことで思い出したのは、これだけ洪水の被害が増えている中で、高齢者施設が川のそば、低地につくられているということです。「いろいろな事情があって」と言われますが、主な理由はコストです。あるいは、ハザードマップで見ると危険地帯だけれどもコンパクトシティの対象になっていて、結果的にそこに人が住んでしまう。

いま国交省は政策を変えて安全なところへ移ってもらうように誘導を始めていますが、そもそもリスクを知って、それをどうコントロールするかが日本には今まで非常に欠けていました。災害の多い国ですが、それをどうコントロールするか。コンクリートで固めるだけではなくて、ソフトも含めて知恵の絞りどころではないかと思います。

人の流れや物流について考えると、どうしても災害は防ぎ切れないので、起きた時にいかに被害を最低限に食い止めるかが重要です。もう一つは、そうなった時でもできるだけ物流を維持し、かつ一度止まってもどれだけ早く復旧・再開できるかです。システム的な対応も含め、それらが問われるのではないでしょうか。

たとえば東日本大震災の時も、縦貫道が使えなくなった。その時に横断道を使う、あるいは陸路の代替として港湾や空港を使った。逆もあるでしょうし、いろいろな代替手段を使った。

企業の場合はＢＣＰですが、日本全体でＢＣＰという観点でどう代替手段を確保し、早く復旧・再開するかを考えていく必要があると思います。そのためには関係者間で常に情報を共有して、いつでも代替や連携ができる仕組みをつくっておくことが重要です。ハードを整備する以上に、そこが非常に重要なのではないかと最近改めて感じています。

リスクをコントロールするという意味では、太平洋側は直下型、あるいは南海トラフなどの巨大地震があるので、どこでもリスクは避けられない。では、日本海側であればリスクはないかと言えば、日本海側にも当然リスクはある。しかし、両方で地震が起こるリスクは小さい。日本の経済機能をマヒさせないという意味では、日本海側の使い方がこれから非常に重要になります。

国家的な視点で見たＢＣＰも含めて、リスクを知ってそれをどうコントロールするかという観点がこれから求められます。それができれば、それを海外にインフラとして輸出していくこともできるのではないかと思います。

みなとへのメッセージ

司会　最後に、ウィズ・コロナ、ポスト・コロナということを見つめて、今後の港、地域を含めて期待するもの、あるいは読者の皆さんへメッセージをいただけたらと思います。

【メタボリック・ディベロップメントを考えよう】

青柳　よく「日本は狭い国だ」と言われます。確かに面積は世界で60番目くらいと大きな方ではないですが、人口は約1億2千万人で、世界で10番目くらいです。北から南まで、3000㎞の長さを持っている国はそうそうない。自分の国の状況を、みんなそれぞれしっかりと把握してもらいたい。たとえば内需でも、1億2千万人がいるから何となく売れる。それで満足してしまって、どんどん国際競争力をなくしてしまう。中途半端に大きな国だけれども、しっかりやっていくには国際的に活躍しない限り長生きはできないということをみんなでもっときちんと考えられれば、日本にはまだまだ可能性があります。

教育がおかしくなりつつあるとは言っても、これだけ治安が良い国です。今回のコロナでも、政府や地方自体体が言うことにきちんと対応するだけの理性を国民一人ひとりが持っている。そういうところをもっとみんなで長所として認め合いながら、これからの新しい社会をつくり上げていくように努力していく必要があります。

先ほど高橋さんが、日本海側と太平洋側でのリスク分散の話をされました。江戸時代は北前船など日本海側が経済的に豊かだったけれども、明治以降は太平洋側が豊かになった。そういうふうに、発達しているところとそうではないところが逆転するんです。逆転して、また逆転する。これが本当のメタボリズム、新陳代謝だと思います。

インフラも階段状です。ある時にガタッと良くなり、それからしばらく水平になって、そうしているとと遅れているところがガタッと良くなり進んでいるところを超える。超えた10年後に、超えられたほうがまたガタッと上がる。この循環を、もっとうまく社会のリズムみたいなものにするのです。

私たちは循環型に慣れていますから、もう少しメタボリックなディベロップメントを考えて良いのではないでしょうか。それができると思うし、それをうまくやれば日本の将来はまだまだ明るいと思います。

【人を元気にするみなとが地域の再生にも繋がる】

高橋 かつて、日本のメーカーの製品は世界中で選ばれていたと思います。ブランド力があったと思います。最近は日本の製品のブランド力は落ちていますが、メーカーの製品だけではなくて、日本のシステムやいろいろなブランド力が落ちているのではないかと思います。

しかし、青柳先生のお話にもあったように、日本にはまだまだ潜在力がある。安心・安全とか、他国がまねできないものも持っています。そこにプラス・アルファで、ＤＸ（デジタル・トランスフォーメーション）だと思います。これをうまく組み合わせることで、新しい機能や新しい付加価値を付けることができます。それがあるから日本へ行ってみよう、日本を使ってみようと、選ばれるブランド力をつける努力をもう一度やらなくてはいけないと思います。

港湾は、少し前までは日本パッシングでした。けれども中国も変わってきたし、世界の事情は変わってくる。もう1回、日本が選ばれる港湾をつくるチャンスは出てきていると思います。単にハードを整備すれば良いのではなく、ＤＸとうまく組み合わせて世界に冠たる港をつくる。大きいという意味ではなく、機能や付加価値という意味で良いものをつくって、それをまねしてみたいと思わせる努力が必要だと思います。

もう一つ、インバウンドにも関わりますが、日本は安心・安全だし、楽しいし、住んでいる幸福度は相変わらず高い。日本の政治力が落ちても、それはまだ維持できていると思います。幸福度を高めるためのまちづくりや仕掛けをつくっていく。コミュニティを再生していくこともそういうことに繋がると思いますが、そういう努力をしていかなければならないと思います。

みなとが主題なのでどうしてもそこに引きつけますが、みなとという町を、住んでいると人が幸福を感じられる場所にしていく。人を励まして、人々を元気にするようなみなとをつくっていくことが、結果的に地域の再生にも繋がるのではないかと思います。

地域の再生ということで言うと、日本は「地方創生」という看板をずっと掲げてきてうまくいっていませんが、コロナにより改めて地方分散、あるいは人々がもう一回、地方を見直す動きが出てきています。チャンスだと思います。

地方創生は、中央省庁の努力だけではおそらくできません。地元がどれだけこのチャンスを活かすか、そのための仕組みをどうつくるかということだと思います。金は中央から出るとしても、地方はそれぞれの地域でそのための努力をしなくてはいけないと思います。みなとを元気にするという知恵を地方が出せば、結果的に地方分散、地方の活性化にも繋がるのではないかと考えています。

司会　ありがとうございました。長時間にわたって、幅広い、多種多様なテーマについてお話しを頂きました。そして、最後には元気になる勇気を頂きました。みなとを通じて、日本が元気になるように私どもも頑張りたいと思います。

【写真撮影：西村尚己（アフロ）】

日本を元気にするみなとづくり実行委員会

委員長：中原八一
［日本港湾振興団体連合会 会長／新潟市長］

事務局：須野原豊
［日本港湾振興団体連合会 理事長
公益社団法人日本港湾協会 理事長兼副会長］

小谷野喜二
［公益社団法人日本港湾協会 専務理事］

丸山隆英
［一般財団法人みなと総合研究財団 専務理事］

中井健人
［株式会社ウェイツ 代表取締役社長］

みなとが紡ぐ未来
日本を元気にする7つのメッセージ

2020年11月15日 初版第1刷

編　者　日本を元気にするみなとづくり実行委員会
発行人　中井健人
発行所　株式会社ウェイツ
〒160-0006
東京都新宿区舟町11番地 松川ビル2階
電　話　03-3351-1874
FAX　03-3351-1974
http://www.wayts.net/

装　幀　株式会社前田麻名デザイン事務所
カバーイラスト　下釜直明
レイアウト　株式会社ウェイツ
印　刷　株式会社シナノパブリッシングプレス

ISBN978-4-904979-31-0 C0036